essentials

essentials liefern aktuelles Wissen in konzentrierter Form. Die Essenz dessen, worauf es als „State-of-the-Art" in der gegenwärtigen Fachdiskussion oder in der Praxis ankommt. *essentials* informieren schnell, unkompliziert und verständlich

- als Einführung in ein aktuelles Thema aus Ihrem Fachgebiet
- als Einstieg in ein für Sie noch unbekanntes Themenfeld
- als Einblick, um zum Thema mitreden zu können

Die Bücher in elektronischer und gedruckter Form bringen das Fachwissen von Springerautor*innen kompakt zur Darstellung. Sie sind besonders für die Nutzung als eBook auf Tablet-PCs, eBook-Readern und Smartphones geeignet. *essentials* sind Wissensbausteine aus den Wirtschafts-, Sozial- und Geisteswissenschaften, aus Technik und Naturwissenschaften sowie aus Medizin, Psychologie und Gesundheitsberufen. Von renommierten Autor*innen aller Springer-Verlagsmarken.

Angelika Kutz

Mit Systemik zu nachhaltig erfolgreicher Unternehmens-Resilienz

Mit systemischer Haltung die digitale VUCA/BANI- und KI-Welt wirksam gestalten

 Springer

Angelika Kutz
Hannover, Niedersachsen, Deutschland

ISSN 2197-6708   ISSN 2197-6716   (electronic)
essentials
ISBN 978-3-658-43003-0   ISBN 978-3-658-43004-7   (eBook)
https://doi.org/10.1007/978-3-658-43004-7

Die Deutsche Nationalbibliothek verzeichnet diese Publikation in der Deutschen Nationalbibliografie;
detaillierte bibliografische Daten sind im Internet über https://portal.dnb.de abrufbar.

Planung/Lektorat: Eva Brechtel-Wahl
Springer ist ein Imprint der eingetragenen Gesellschaft Springer Fachmedien Wiesbaden GmbH und ist ein Teil von Springer Nature.
Die Anschrift der Gesellschaft ist: Abraham-Lincoln-Str. 46, 65189 Wiesbaden, Germany

Das Papier dieses Produkts ist recycelbar.

Was Sie in diesem *essential* finden können

- (M)eine neue Wortschöpfung *VUCABANI*.

- **Wie Organisationen Dank Systemischer Haltung in** der agilen **VUCA[1]/BANI[2]- und KI[3]-Welt durch Lösungsfokus, Change[4]-Affinität** und **Ressourcensicht nachhaltig resilient werden und bleiben –**

- und **was dafür zu tun ist.**

- Wie **wichtig** es ist, **rechtzeitig auf visionäre, einsame Rufer in der Wüste zu hören, um** eine **gerade noch rechtzeitige Transformation in Gang** zu setzen.

---

[1] VUCA = Volatility (Volatilität), Uncertainty (Unsicherheit), Complexity (Komplexität), Ambiguity (Ambiguität/Zweideutigkeit).

[2] BANI = Brittle (brüchig, porös, spröde), Anxious (ängstlich, besorgt), Non-linear (nicht-linear), Incomprehensible (unverständlich).

[3] KI = „Künstliche Intelligenz".

[4] Englisch: Change = Wandel.

Inhaltsverzeichnis

Einleitung

VUCA ist zum Inbegriff der sich immer schneller verändernden, globalisierten und digitalisierten Arbeits- und Lebenswelten geworden.

Viele fühlen sich dadurch – noch verstärkt durch die sich rasant entwickelnde Digitalisierung und KI/AI[1] *(ChatGPT)* – zunehmend verunsichert, überfordert, überlastet.

Für den Menschen[2] sind komplexe Systeme schwierig; deswegen bedarf es in dieser sich rasant weiterentwickelnden (Welt-) Gesamtsituation anderer, veränderter, adaptierter Herangehens- und Verhaltensweisen.

Ziel dieses *essentials:*

- die Wirksamkeit der Systemischen Haltung für eine nachhaltige Unternehmens-Resilienz angesichts permanenter Mehrfach-Herausforderungen in der VUCA/BANI-Welt des „Constant Change"[3] deutlich zu machen,

- meiner persönlichen Überzeugung von den Positiv-Folgen systemischer Herangehensweisen an alle Lebensbereiche Ausdruck zu verleihen.

Dieses *essential* ist für eine schnellere visuelle Erfassbarkeit überblicks-stichwortartig gehalten, was der Intention der Reihe *essentials* als Schnelleinführung in ein Thema entspricht.

---

[1] KI = Künstliche „Intelligenz"; AI = Artificial Intelligence (englischer Begriff für KI).

[2] Im Sinne der besseren Lesbarkeit sind in der hier sprachlich verwandten maskulinen Grammatik-Form alle anderen mitgedacht.

[3] Constant Change = stetiger Wandel; die sich stetig wandelnden Umstände.

A. Kutz, *Mit Systemik zu nachhaltig erfolgreicher Unternehmens-Resilienz,* essentials, https://doi.org/10.1007/978-3-658-43004-7_1

Dieses Buch ist Teil eines Tandems. Das vorliegende nimmt **Bewältigungs-möglichkeiten** für Organisationen (sog. **Verhältnisprävention**), das andere das Individuum (sog. **Verhaltensprävention**) in den Blick.

Weitere *essentials:*
Systemische Haltung in Beratung und Coaching – Wie lösungs- und ressourcenorientierte Arbeit gelingt (978-3-658-29685-8) – *auch auf Englisch verfügbar.*

   Double-Bind-Kommunikation als Burnout-Ursache – Ein Theorie-Vor-schlag zu Auswirkungen toxischer Kommunikation in Organisationen (978-3-658-21916-1) – *auch auf Englisch verfügbar.*

   Toxische Kommunikation als Krankheitsursache in Unternehmen (978-3-658-12892-0).

Feedback gerne an
www.mediation-coaching-hannover.de
kontakt@coaching-per-mediation.de
Angelika Kutz

Allen Unterstützern der Essentials gilt mein herzlicher Dank!

Definitionen 2

2.1 VUCA und BANI => VUCABANI

VUCA steht für

V olatile	volatil – unstet, unbeständig und unberechenbar wie in einer Achterbahn
U ncertain	unsicher – ständige, immer schneller werdende Veränderungen auf diversen Ebenen
C omplex	komplex – steigende Unübersichtlichkeit
A mbiguos	ambivalent, zwei-, mehr-, doppel-, uneindeutig; ich füge hinzu: Double Bind.

Das Konzept wurde im US-Militär-Kontext entwickelt und inzwischen auf Unternehmens- und Gesellschaftskontexte übertragen[1]. Die mit VUCA verbundenen Herausforderungen sind für alle gleichermaßen, speziell allerdings für Führungskräfte bedeutsam, weil für einen wirksamen Umgang damit veränderte Herangehensweisen nötig sind.

---

[1] Nandram, S. und Bindlish P. (2017, S. 3).

A. Kutz, *Mit Systemik zu nachhaltig erfolgreicher Unternehmens-Resilienz,* essentials, https://doi.org/10.1007/978-3-658-43004-7_2

Es gibt eine Art **Weiterentwicklung von VUCA: BANI**[2]:

B rittle	brüchig, porös, spröde – auch bezogen auf Anpassungs-averse Systeme => nur vermeintliche Stärke/Stabilität => diese kann jederzeit auf's Heftigste kollabieren => der vielbesprochene sog. „Kipppunkt"[3], an welchem alles zusammenfällt – der bedrohlichste dürfte auf dem Gebiet der Klimaver-änderung[4] liegen!
A nxious	mit der natürlichen Folge: Angst, Besorgnis, Befürchtung, Fehler zu machen => aus angstbesetzter Sicht scheint jede Handlung Katastrophen auszulösen => Negativ-Sensations-(Falsch)-Berichte heizen diese Angstspirale weiter an => Passivität, Paralyse, Negativitätsspirale => ggf. Ursache für zunehmende Aggressivität in allen Bereichen
N on-linear	nicht-linear => Kausalitäten und Effekte sind unberechenbar und ggf. unverhältnismäßig => klein(st)e Entscheidungen und Handlungen mit massiv(st)en Folgen => oder umgekehrt: viel Engagement führt ins Leere
I ncomprehensible	unbegreiflich, unverständlich, unübersichtlich, unlogisch, unsinnig => mangelnde Nachvollziehbarkeit von Entscheidungen trotz Information => oder gerade wegen zu vieler (Negativ-/Falsch-) Informationen

und wird als Beschreibung der zunehmend als chaotisch empfundenen Umstände verwendet.

---

[2] Starker, V. und Peschke, T. (2021, S. 62/63); https://medium.com/@casci.o/facing-the-age-of-chaos-b00687b1f51d, Login: 12.08.2023.

[3] https://de.wikipedia.org/wiki/Tipping-Point; Login: 12.08.2023.

[4] https://de.wikipedia.org/wiki/Kippelemente_im_Erdklimasystem; Login: 12.08.2023.

Wie VUCA soll BANI dazu beitragen, diese verunsichernde, unkalkulierbare Gemengelage auf im Grunde allen Gebieten – ökologisch, ökonomisch, politisch, Staatsform-bezogen, gesellschaftlich, beruflich wie privat – besser erfassen und einordnen zu können.

Für die Beschreibung dieser Umstände und Vorgänge lautet **(m)eine neue Wortschöpfung** *VUCABANI*.

Allerdings reicht für meine Begriffe eine reine Beschreibung dieser Phänomene nicht aus.
Wichtig ist, Wege zu finden und zu gehen für einen konstruktiven Umgang mit diesen parallelen und multikomplexen Herausforderungen.

Als **Werkzeug zur Bewältigung von BANI** wird **RAAT**[5] vorgeschlagen:

R esilienz   und **Belastbarkeit, Lockerheit, Loslassen**
A chtsamkeit   und **Empathie**
A daptivität   und **Kontextdenken** sowie **Veränderbarkeit, Flexibilität**
T ransparenz   und **Intuition.**

Im Folgenden wird sich zeigen, dass diese vorgeschlagenen „**Gegenmittel**" **bereits integraler Bestandteil der Systemischen Grundhaltung** sind, und die **Systemische Haltung** Dank der ihr immanenten Haltungs- und Handlungsbestandteile **ermöglicht, mit** der Gesamtsituation von VUCA und BANI, also **VUCABANI, souverän umzugehen** – privat wie beruflich (siehe *Tandemessential) und* auf Organisations-Ebene.

2.2   Resilienz/Unternehmens-Resilienz

Resilienz bedeutet

Beim Individuum	Bei Organisationen/Unternehmen analog
Psychische Widerstandskraft gegen die Fährnisse des Lebens	Widerstandskraft gegen die Fährnisse der sich permanent wandelnden Geschäftswelt

---

[5] https://medium.com/@cascio/facing-the-age-of-chaos-b00687b1f51d; https://digitalleadership.com/blog/bani-world/, Login: 09.08.2023.

Resilienzforschung beruht auf Studien mit Personen, welche es trotz schwieriger
Lebenskontexte schaffen, ihr Leben aus eigener Kraft in Balance zu bringen bzw.
zu halten, und untersucht die Unterschiede zu anderen Personengruppen. Details
im Tandem-*essential*.

2.3   Beziehungs-Motive nach Sachse

Sachse (2000) definiert in menschlichen Entwicklungs-Kontexten die **Beziehungsmotive**

- **Anerkennung**
- **Wichtigkeit**
- **Verlässlichkeit**
- **Solidarität**
- **Autonomie**
- **Grenzen.**

Nach seiner Theorie der doppelten Handlungsregulation entsteht eine in
sich gefestigte, ausgeglichene und ausbalancierte Persönlichkeit, wenn diese
Beziehungsmotive in Kindheit und weiteren Entwicklungs-Stufen in aus-
reichendem Maße „bedient" wurden. Bleibt auch nur eines dieser Beziehungsmotive im Ungleichgewicht, entstehen Schieflagen in der Entwicklung.

Diese äußern sich über diverse Spielarten, z. B. Aufmerksamkeit durch
besonders auffälliges Verhalten zu bekommen (Substitut für Wichtigkeits-
erfahrungen) oder ständig besondere und intensive Leistung zu zeigen (Substitut
für Anerkennungserfahrungen).

Man braucht nicht unbedingt so tief in die Zusammenhänge einzusteigen, wie
ich es in dem *essential* **Double Bind als Burnout-Ursache** (Kutz, 2018) getan
habe.

Das darin beschriebene Verständnis für die von Sachse beschriebenen
Mechanismen fördert zusammen mit meinem Theorie-Vorschlag zu den Double
Bind-Auswirkungen allerdings das Einfühlungsvermögen in diese, zunächst
irritierend wirkenden Verhaltensweisen und hilft, die systemischen *guten Gründe*
hinter dem Verhalten anderer zu erkennen, erhöht also die eigene Empathie-
Fähigkeit und damit einen wesentlichen Systemik-Bestandteil.

2.4 Systemik/Systemische Haltung

Systemik und Systemische Haltung basieren auf einer zutiefst humanistischen, **inneren Haltung** zu allem,

- Menschen – Basis: positives Menschenbild
- allem Lebendigen
- Ideen/Wertvorstellungen aller Art (die allerdings nicht geteilt werden müssen)
- Umwelt/Natur
- Dingen
- Entwicklungen/Veränderungen (Change)
- Systemen
- Schöpfung/Universum.

Systemik ist damit eine **grundsätzliche Lebenseinstellung** des

- Respekts
- der Wertschätzung
- Anerkennung und Achtung des „anderen" (egal, ob belebt oder unbelebt)
- der empathischen Achtsamkeit.

Details: Kutz (2020) und im Folgenden.

Grund-Voraussetzung: Zerstörerischen toxischen Double Bind abstellen

3

Um die **Dinglichkeit der erforderlichen Transformation zu einer menschen-, ressourcen- und Umwelt-zentrierten Herangehensweise auf Basis der Systemischen Haltung für eine nachhaltige Unternehmens-Resilienz** zu untermauern, werden die von mir beobachteten Negativ-Auswirkungen toxischen Double Binds vorangestellt. Details: Kutz (2016, 2018).

Diese meine Beobachtungen und Hypothesen beziehen sich auf **Negativ-Folgen** für

- **individuelle Organisationsmitglieder** und
- **die Organisationen selbst.**

Nach meinen Erkenntnissen ist **der**

- **entscheidende, erste Schritt hin zu gelingender und nachhaltiger Unternehmens-Resilienz**
- das **Abstellen toxischer Double-Bind Kommunikation** – auf allen Ebenen.

A. Kutz, *Mit Systemik zu nachhaltig erfolgreicher Unternehmens-Resilienz, essentials*, https://doi.org/10.1007/978-3-658-43004-7_3

3.1   Was ist Double Bind (-Kommunikation)?

Double Bind bedeutet Doppelbotschaft, Botschaften mit doppeltem Boden, uneindeutige, unauthentische Kommunikation[1]. Ein gutes Beispiel ist:

Wasch mir den Pelz, aber mach mich nicht nass.

Komponenten Paradoxer Double Bind-Kommunikation

- Existenzielles Abhängigkeitsverhältnis (Familie, Organisationen, Unternehmen), wo es nötig ist, Botschaften richtig zu entschlüsseln.
- Dieses System kann nicht bzw. nur unter großen, ggf. existenzgefährdenden Nachteilen verlassen werden.
- Ein und dieselbe Interaktion enthält:
  – Inkongruente Kommunikation: verbale und non-verbale Kommunikation widersprechen sich und/oder
  – Sich gegenseitig ausschließende Handlungsanweisungen
  „Wasch mir den Pelz, aber mach mich nicht nass."
  => Egal, welche Anordnung der Adressat ausführt: Er verstößt automatisch gegen die zweite – zeitgleich und ebenso als gültig angeordnete – Anweisung.
  => Ein Richtigmachen ist unmöglich, weil die gewählte Lösung immer als gerade die falsche hingestellt werden kann.
- Infolgedessen wird der Adressat abgestraft, egal welche der Scheinalternativen er wählt.
- Es besteht ein Verbot einer Thematisierung/Transparentmachung der Unmöglichkeit einer gleichzeitigen Ausführung BEIDER Anordnungen; es ist untersagt, diese paradoxe Situation anzusprechen; damit besteht ein Verbot von Meta-Kommunikation (= Kommunikation über die Art und Weise der Kommunikation).
- Wird es dennoch angesprochen, gibt es drei (kontraproduktive) Folgen – getrennt und/oder kumuliert:
  der Double Bind-Empfänger wird (explizit oder implizit) bezeichnet als
  – dumm = nicht in der Lage, die Anweisung zu verstehen;
  – aufsässig = wieso haben Sie nicht das gemacht, was ich Ihnen angeordnet habe?
  – verrückt = wie kommen Sie auf die verrückte Idee, ich könnte…gemeint haben?

---

[1] Details: Kutz (2016, 2018) mit Bezugnahme auf Bateson (1956), Watzlawick et al. (2011), Schulz v. Thun (1989, 1998, 2003, 2016).

Das Fatale:

- all diese Mechanismen laufen meist bei allen unbewusst[2] ab –
  - bei Double Bind-„Verwendern"
  - bei Double Bind-Adressaten;
  - beiden Seiten ist also (ohne Hinweis auf diese Mechanismen, die im Double Bind-System aufgrund der untersagten Metakommunikation gerade nicht benannt werden dürfen) nicht klar, wie diese Art der Kommunikation wirkt und was sie bewirkt. Alles bleibt damit intransparent, unbewusst, diffus, unlösbar.

Weitere Erschwernis:
Durch das unbewusste Ablaufen dieser Mechanismen, gehen diese – erlernten – Kommunikations-Muster jeweils auf die nachfolgenden Generationen über **(transgenerationelle Weitergabe)** (Details: Kutz, 2018).

Beispiel für

- Inkongruenz zwischen verbaler und nonverbaler Kommunikation
  - in freundlich-liebevollem Ton: „Was kann ich gegen Dich tun?" statt, was konsistent, kongruent und authentisch wäre: „Was kann ich für Dich tun?"

- Sich gegenseitig ausschließende Handlungsanweisungen
  - „Do more with less" = „Erreichen Sie mehr mit weniger",
    mehr Ergebnisse/Umsatz/Gewinne und
    schneller und in besserer Qualität
    mit immer weniger Ressourcen = Zeit, Geld, Personal;
    also unerfüllbare Aufgaben bei Einschränkung/Entzug der dafür nötigen Ressourcen – zu viele Aufgaben für zu wenig Personal
  - Wir müssen Verluste, (wirtschaftliche) Schieflagen und Missstände abstellen, aber es darf sich auf keinen Fall etwas ändern.

---

[2] Sind den Beteiligten also selbst gar nicht klar, es sei denn, sie beschäftigen sich ganz bewusst mit diesem Themengebiet.

3.2   Negativ-Folgen für Individuen

Details: Tandem-*essential* zur individuellen Ebene sowie Kutz (2016, 2018).

Kurzfassung der Negativ-Folgen toxischen Double Binds für Individuen

- Wie man's macht, macht man's verkehrt.
- Mitarbeitende geben ihr Bestes, es reicht aber nie.
- Internalisierung des Selbstbildes als „Versager"/der eigenen „Minderwertigkeit".
- Fehlender Handlungsspielraum.
- Ein Auflösen der paradoxen Situation ist unmöglich, da es nur Scheinalternativen gibt.
- Es gibt nur Zweideutigkeit(en), keine Eindeutigkeit.
- Die Situation ist gefühlt unbeherrschbar => unaushaltbar => Ohnmachtsgefühle entstehen.
- Viele reagieren darauf mit gesundheitlichen Beschwerden auf den „3 Kanälen"
  - physisch
  - psychisch
  - psycho-somatisch.

Weitere Konsequenzen sind Verunsicherung, Selbst-Unsicherheit und eine internalisierte mentale Dauer-Anspannung sowie emotionaler Stress.

Um all dies zu kompensieren, greift der Double Bind-Adressat zu immer verzweifelter werdenden, unbewussten Kompensations-Versuchen

- Perfektionistische Anstrengungs(über)steigerung – in der Hoffnung, es doch noch endlich (vermeintlich) richtig machen zu können,

- Dadurch kommt es zu Selbstüberanstrengung bis zur totalen Erschöpfung => (Erschöpfungs-) Depression, inklusive Handlungsunfähigkeit.

Übertragen auf Mitarbeitende in derartigen Organisationen sind mögliche Folgen

- sog. „Burn-Out" durch übersteigerte Anstrengung (= (Erschöpfungs-) Depression)
- Ausweichen durch Nichts-Tun – dann kann man auch nichts Falsches tun.
- Dienst nach Vorschrift
- Innere Kündigung
- Verlassen der Organisation durch
  - Kündigung/hohe Krankenstände auf den „3 Kanälen"; Betriebsunfälle nehmen zu
  - krankheitsbedingten Vorruhestand
  - im Extremfall ggf. sogar durch öffentlichkeitswirksamen Suizid.

3.3 Negativ-Folgen für Organisationen: Abwärts-Spirale bis hin zur Unternehmens-Gefährdung

Details: Kutz (2016, 2018) mit Bezugnahme auf Bateson (1956), Watzlawick et al. (2011), Schulz v. Thun (1989, 1998, 2003, 2016), Greve (2015).

[1] – Individuelle Prädisposition und Unternehmensrealität als toxische Kombination
Aus individueller (Double Bind-) Prädisposition und Unternehmens-(Double Bind)-Realität entsteht eine **toxische Kombination.**

- **Individuell unterschiedlichste innere Antreiber** (Verhaltenspräventions-Ebene)
  treffen auf

- **Double Bind-System-Zustände in der Organisation** (Verhältnisprävention-Ebene).

Diese **individuellen Antreiber** beruhen auf entwicklungsbedingten (unbewussten) Double Bind-(Vor-)(Be-) Schädigungen in den jeweiligen individuellen Herkunftsbiografien.

Durch das **Aufeinandertreffen mit Organisations-Double Bind-Kontexten** kommt es zu **weiteren unbewussten Verstrickungen** aufgrund diverser, mit dieser Vorbelastung einhergehender inner-psychischer Gemengelagen.

Beides zusammen **mündet** durch die nachfolgend geschilderten Mechanismen **ggf. im Untergang der Organisation** durch Fusion, Zerschlagung, Verkauf – **so nicht rechtzeitig gegengesteuert wird.**

[2] – Autopoiese und Homöostase – Systeme erhalten sich selbst
Nach Varela et al. (1974) und **Luhmanns Systemtheorie**[3] grenzen sich Systeme gegen Einflüsse von außen ab, um unverändert und innerlich stabil zu bleiben und erhalten sich so selbst, sog. **Autopoiese** und **Homöostase.**

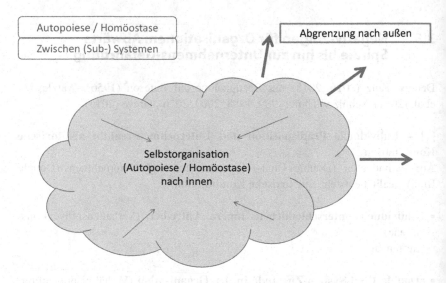

---

[3] https://de.wikipedia.org/wiki/Niklas_Luhmann; Login: 05.08.2023.

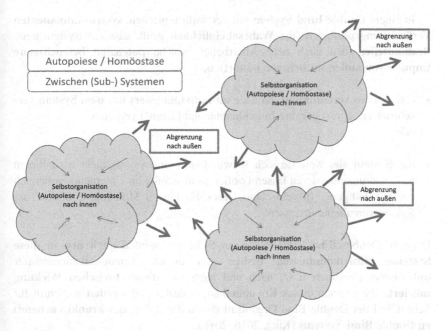

Diese, **an sich im positiven Sinne stabilisierende Wirkung verkehrt sich** dann **ins existenzgefährdende Gegenteil** für das System, **wenn** dieses **sich nicht (rechtzeitig) für Einflüsse** von außen **öffnet und** sich **lernend transformiert**[4].

[3] – Double Bind-Systeme (er)nähren sich selbst
Zudem scheinen Double Bind-Systeme getreu dem Motto *„Schmidt sucht Schmidtchen"*[5] Double-Bind-vorbelastete Personen anzuziehen.

Gleichzeitig werden bisher in ihrer individuellen Geschichte von Double Bind (noch) unbelastete Personen so vom Double Bind-System vereinnahmt, dass sie regelrecht vom System „einverleibt" werden.

---

[4] Diese Mechanismen sind nach meinen Erkenntnissen auch auf alle anderen Systeme, insbesondere die Systeme „Gesellschaft", „politische Systeme", „Umwelt", und auch unseren blauen Planeten als Subsystem im Universum 1:1 übertragbar. Dies sollte uns allen – dringendst – ein Ansporn für eine sofortige Systemische Umkehr sein, um die (evtl. gerade noch vorhandenen) Chancen auf einen Erhalt unseres blauen Planeten gemeinschaftlich zu nutzen.

[5] Sattelberger in Welpe, Brosi, Ritzenhöfer, Schwarzmüller, S. 242.

In einem **Double Bind-System** mit der dafür typischen, **system-immanenten Veränderungsphobie** ist die **Wahrscheinlichkeit groß,** dass das System **neue Bestandteile,** eben auch neue Mitarbeiter, welche **potenziell befruchtende Impulse von außen mitbringen könn(t)en,**

- entweder **so vereinnahmt, dass sie un-individualisiert mit dem System verschmelzen,** ggf. sogar ihre Individualität und Identität verlieren
  oder

- das **System sie,** weil sie sich (bewusst oder unbewusst) nicht assimilieren bzw. instrumentalisieren lassen (wollen) – **ausstößt;** im Unternehmensbereich durch Kündigung, (psychischen) Druck bis hin zu Mobbing, damit sie das System von alleine verlassen.

Denn in Double Bind Virus-infizierten Systemen werden **auch neu in diese Systeme Hinzukommende, bisher** von diesem Kommunikationsmuster **unbelastete Personen** u. U. nach und nach **von dieser toxischen Wirkung infiziert,** übernehmen dieses Kommunikationsmuster und **werden** so Schritt für Schritt Teil der Double Bind-Organisation und damit **Teil des krank(machend) en Double Bind-Systems** (Kutz, 2016, 2018).

Durch diese permanenten, sich selbst (er)nährenden Wechselwirkungen innerhalb des Double Bind-Systems erhält es sich ständig selbst, grenzt sich immer rigider nach außen ab, existiert am Ende nur noch innerhalb seines eigenen, **rigiden „Double Bind-Kosmos",** welcher **jede, eine potenzielle Veränderung anstoßende Befruchtung von außen negiert.**

Double Bind-Systeme (er)nähren sich selbst

Schein-Alternativen
für
von Double Bind-unvorbelastete,
neue Mitarbeiter:

– Einverleibung mit Weitertragen und
Fortführen / Verstärken der Double
Bind-Mechanismen innerhalb der
Organisation

oder

– Ausstoß

Double Bind-System /
Double Bind-Organisation

Double Bind-Muster wird
verstärkt;
Double Bind-System wird mit
jedem Zuwachs genährt /
verstärkt sich selbst

Zieht Double Bind-vorbelastete
Mitarbeiter an

[4] – Spezialgefahr für (Sandwich-) Manager
(Sandwich-) Manager starten mit

- Idealismus, Sachorientierung
- intaktem inneren Wertesystem.

Durch **dauerhaftes** und aufgrund der Double Bind-Mechanismen **aussichtsloses Ankämpfen gegen verharrende/starre/veränderungs-un,,willige" (Autopoise-) Systemdynamiken** im Double Bind-System **und** dessen **Schein-**

Behauptung, es ginge nur um „die Sache", besteht die Gefahr, in einen **Werte-Clash** zwischen dem eigenen, **inneren Qualitätsanspruch** und der **Organisations-„Linie"** zu geraten.

Denn der **Double Bind „do more with less"** (weniger Personal/Geld/Zeit) erzwingt **automatisch** eine **Qualitätsabsenkung und/oder (Selbst-) Überforderung** durch den fruchtlosen Versuch, den Anforderungen durch noch höhere Schlagzahl und Anstrengung irgendwie gerecht zu werden.

Diese, durch „do more with less" „angeordnete" Qualitätseinbuße wird getreu den Double Bind-Mechanismen intern gleichzeitig mit der Begründung, mindere Qualität zu liefern, abgestraft (Double Bind in Reinkultur!)

Druck entsteht dadurch also auf diversen Ebenen:

- Der meist **hohe Anspruch an die eigene Arbeit**/das **Arbeitsergebnis wird unerfüllbar.**
- **Erfolgserlebnis-Gefühle** werden **systematisch verhindert.**
- Die **angeordnete Qualitätsabsenkung** wird Double Bind-**systemimmanent abgestraft.**
- Die **Double Bind-induzierte Selbst-Wert-Vernichtungs-Maschinerie hat freie Fahrt.**

=> **Selbst-Wert-Verlust** und **Werte-Clash** führen **in die „Burn-Out"-**Abwärtsspirale.

Speziell bei gleichzeitigem Vorliegen nazisstischer Persönlichkeitsstil-Anteile mit dem nicht ausreichend „bedienten" Sachse-Beziehungsmotiv „Anerkennung" ist der Weg in (Erschöpfungs-) Depression, physische, psychische und/oder psycho-somatische Erkrankungen vorprogrammiert, weil diese den im Ergebnis fruchtlosen – und daher umso verzweifelteren – Versuch bewirken, diesen vermeintlichen „Makel" durch immer mehr Einsatz „wegzuleisten" (Kutz, 2016, 2018).

[5] – Warnsignal-Beispiele/Kennzeichen von Double Bind-Organisationen

Organisations-Ebene[6]	Individuelle Ebene
• Ziel-, Aufgaben-, Rollen- und Verantwortungsunklarheiten • Zynismus/Sarkasmus • Konflikte • Mobbing • Intransparenz • Permanente Überraschungen • Gegeneinander • (individuelle) Macht- und Pfründesicherung • Familiengleiche Strukturen/Ersatzfamilie • „Hineingeboren werden", Zugehörigkeit wird „vererbt" (Eltern ziehen ihre Kinder in die Organisation „nach"), vermehrte Ehen/Partnerschaften untereinander • Emotionale Verstrickungen • Rollenunklarheiten • Regime der subtilen Inkonsistenzen • Unauthentizität • Fehlende Autonomie/mangelnde Selbstverantwortung	• Mangelndes Selbstbewusstsein • Divergenz zwischen persönlichen Werten und Wertigkeit der Aufgabe („Werte-Clash") • Angst vor negativen Konsequenzen eigenen „Versagens" • Resignation bei gleichzeitiger „Eingerichteter Saturiertheit"/„Saturierter Eingerichtetheit", weil jedes Engagement wegen der Double Bind-Mechanismen („es genügt nie...") gefühlt zweck- und sinnlos ist und „das System" schon „für einen sorgen" wird. (Denn Double Bind-Systeme zeichnen sich häufig durch „Unterwerfung gegen Versorgung" aus. Kutz, 2016, 2018)

---

[6] Details: Kutz (2016, S. 24).

Risikofaktor: Matrix-Struktur

Die **Matrix-Struktur**[7] **fördert Double Bind-Kommunikation** und **-Strukturen** mit allen negativen Konsequenzen (Kutz, 2018) durch:

• ständig wechselnde „Teams" (in welchen in Wirklichkeit organisationsseitig zwecks Ergebnismaximierung ein Extremwettbewerb bzw. Einzelleistungen und Einzelpersonen belohnt werden),
• dadurch unklare, *un*eindeutige Verhältnisse und Aufgabenzuschnitte mit
• den Folgen Verunsicherung und
• hohem Abstimmungsbedarf innerhalb und zwischen den einzelnen Abteilungen
• inkl. erhöhtem Konfliktpotenzial mit weiterer psychischer (Stress-) Belastung für die Mitarbeiter – mit Reaktionen auf den drei gesundheitsgefährdenden „3 Kanälen" (Kutz, 2018)
  – physisch
  – psychisch
  – psycho-somatisch
• Dadurch Unzufriedenheit auf allen Seiten aufgrund „fauler Kompromisse" mit Verantwortungs*verteilung* statt klarer, Sicherheit vermittelnder Verantwortungs*übernahme* in dem jeweiligen, zu der jeweiligen Rolle gehörenden, passenden Verantwortungsgrad und -umfang;
• Mangels klarer Entscheidungen mindestens Verdoppelung der Anzahl von Unzufriedenen, welche sich mit jeder weiteren Matrixdimension potenziert.

Greve (2015) hat dafür die Überschrift *Unspezifische Ziele und fehlende Konkretisierung*.

[6] – Mit Double Bind Schritt für Schritt in den Abgrund

In der Abbildung am Ende dieses Abschnittes sind die folgenden Stichpunkte dieser Double Bind-Abwärts-Spirale visualisiert[8].

Aufgrund der Double Bind-Kommunikation diffundiert in die gesamte Organisation ein **permanentes, diffuses, weil unbewusstes Verunsicherungs-Gefühl und Unsicherheit,** weil diverse „hidden agendae" intransparent bleiben,

---

[7] Mehrdimensionale Organisations-Strukturen, in welchen dieselben Personen gleichzeitig unterschiedlichen Führungskräften/Aufgabengebieten zugeordnet sind, was Zuständigkeitsüberkreuzungen und damit Rollenunklarheiten mit sich bringt.
https://de.wikipedia.org/wiki/M<atrixorganisation; https://studyflix.de/wirtschaft/matrix-organisation-1331; Login: 05.06.2023.

[8] Die Abbildung dient der erleichterten visuellen Erfassbarkeit der Gesamtproblematik und Gemengelage. Sie soll **KEINE linear-kausalen Zusammenhänge darstellen** in dem Sinne, dass die Einzelaspekte in genau dieser „Kausalreihe" aufeinander aufbauen; vielmehr gibt es zwischen den einzelnen Bestandteilen jeweils in verschiedenste Richtungen **zusätzliche systemische Wechselwirkungen.** Eine Anreicherung mit entsprechenden Pfeilen wäre für das Ziel der visuellen Vereinfachung kontraproduktiv.

und jeder Versuch einer Transparantmachung systemseitig sofort abgestraft und dadurch unterbunden wird.

„Do more with less"

bewirkt

• Qualitätsabsenkung – inkl. Abstrafung seitens des Systems dafür.

• Innere Konflikte bei den Mitarbeitern – egal welcher Hierarchiestufen –, weil sie den EIGENEN Ansprüchen an die Qualität der eigenen Arbeit nicht gerecht werden können.

• Es existiert im Double Bind-System der Trugschluss, mit Hilfe von *„Do more with less"* eine Effizienz-Steigerung zu erreichen; das Gegenteil, nämlich Paralyse, ist der Fall.

Intransparenz	Messen mit zweierlei Maß
• Double Bind ist ein Spiel, bei welchem sich Spielregeln dauernd ändern.	• Exzessive Privilegien für die einen – überlastende Arbeitsmassen für die anderen. • Undurchlässige Glasdecken zwischen Hierarchie-Ebenen.

→ **Misstrauen**
• Die Kommunikation, auch zwischen den Ebenen, wird eingestellt,
• Stattdessen Gerüchte und informelle Kommunikation („Flurfunk").
• Werte-Clash => Identifikation mit dem Unternehmen und seinen Zielen geht verloren.

→ **Frustration/Resignation** mit
• Innerer Emigration/Kündigung
• Dienst nach Vorschrift
• Apathie, Erstarrung – erst der Mitarbeitenden, dann des Gesamtsystems.

Mangelnde Fehlerkultur

mit

• Suche nach dem Schuldigen, *„Blaming"*, *„Fingerpointing"* statt Fehlerfreundlichkeit – geschweige denn, Fehler als Lern-, Innovations- und Verbesserungs-Quelle anzusehen,

lässt die **Mitarbeiter eigenständiges Denken und Handeln einstellen**
• Auch, weil ohnehin jede eigenständige Denk- und Handlungsweise vom System unterbunden bzw. – noch schlimmer – abgestraft wird.
• Wegen der Abstrafung für egal welches Verhalten kommt es zu sog. **erlernter Hilflosigkeit,**[9] mit der Folge, dass Mitarbeiter **keine Eigenverantwortung** mehr zeigen.
• Ein Hinterfragen des Systems, eingefahrener Prozesse, Vorgehensweisen wird – wegen der Selbstreferentialität, Autopoise des Systems – unterbunden bzw. unterbleibt von allein durch Selbstzensur bis hin zur Stagnation, Paralyse und Untergang des Systems.

---

[9] Seligman (2016).

Leitungsebene/n verliert/en den Kontakt zur Basis

- Die Unternehmensleitungs-Ebene erhält nur gefilterte Informationen – mangels Fehlerkultur werden nur geschönte Informationen „nach oben" gegeben (= *Filter im System nach oben).*
- Ideen werden nicht gehört/anerkannt oder schlimmer noch: abgewertet, weil das System aversiv gegen Neues ist, denn: das System darf sich nicht verändern!
- Resignation, Rückzug, Funkstille und Kontaktlosigkeit verstärken sich.

→ Damit weiteres **Absinken der Arbeitszufriedenheit und Motivation**

→ **(noch) weniger Engagement/Arbeitseinsatz/kein „Ownership[10]".**

Kollektive Verantwortungslosigkeit

greift um sich – auch weil alles mit allen abgestimmt werden
muss (Pseudosozialismus); dies wird noch zusätzlich gefördert durch
- einen falsch verstandenen „Team"-Gedanken („Toll, ein anderer macht's") – was ermöglicht, sich aus der Verantwortung ziehen zu können; *„Arbeit? – machen die anderen!"*
- **Gleichzeitig wird an sich gemeinsam Erreichtes als Eigenleistung „nach oben" dargestellt.**
- Plus insbesondere bei Matrix-Organisations-Strukturen gibt es wegen fauler Kompromisse statt klarer Entscheidungen mindestens zwei Unzufriedene, statt einer zufriedenen Seite und einer unzufriedenen Seite; also **Verantwortungs*verteilung* statt Verantwortungs*übernahme*** für klare Entscheidungen!

→ **Bequemlichkeit/Konsumentenhaltung**
→ **„eingerichtete Saturiertheit"/„saturierte Eingerichtetheit"**
→ **Resignation, weil „sowieso keine Einflussmöglichkeiten für Verbesserungen bestehen".**

Zynismus/Sarkasmus/Klagerunden

Da der Mensch Erfolgserlebnisse braucht und grundsätzlich wirksam sein möchte, im Double Bind-System aber systematisch daran gehindert wird, **nehmen Zynismus/Sarkasmus zu.**

→ Klagerunden statt produktiver Arbeit
→ Negativismen führen zu Problemtrance[11] bei Mitarbeitenden und „ziehen sie (nur noch weiter) runter".

---

[10] Englisch: Verantwortung für seine Aufgabe übernehmen.

[11] Begriff aus der Systemik: Verharren im Negativ-Fokus; https://de.wikipedia.org/wiki/Hypnosystemische_Therapie, Login: 12.08.203.

Krankheitsbedingte Fehlzeiten nehmen zu

– auch durch die persistierende und sich durch die Klagerunden selbst verstärkende Problemtrance.
• Mitarbeiter reagieren auf die (Double-Bind)-System-seitigen Beziehungsmotiv-Eingriffe (siehe unten) mit
– psychischen/psycho-somatischen/physischen Erkrankungen,
– Burnout und/oder (anderer) faktischer (Kündigung) oder indirekter „Flucht" (Dienst nach Vorschrift, innere Kündigung) aus dem Unternehmen.
• Ein hoher Krankenstand hindert die Produktivität zusätzlich.
• **Effizienz und Produktivität sinken (weiter).**

Potenzielle Zunahme sogenannter „Corporate Psychopaths"

Double Bind bereitet den Boden für eine **potenzielle Zunahme sogenannter „Corporate Psychopaths" inklusive sog. Dunkle Triade (Dark Triad)-Psychogrammen im System,** welche allesamt in diesem toxischen Habitat besonders gut prosperieren (Kutz, 2018).
• Corporate Psychopaths sind ausschließlich an Selbstgratifikation und nicht am langfristigen Organisations-/Unternehmenserfolg interessiert, sondern arbeiten nur wegen der Macht, des Geldes, des Prestiges (Kutz, 2018, S. 10).
• Das Schicksal ihrer Kollegen, Mitarbeitenden, ihres Unternehmens ist für sie irrelevant (Boddy et al., 2010).
• Die schlimmste diesbezügliche Ausprägung ist die sog. **Dark Triade aus Narzissmus, Machiavellismus, Psychopathie.**
• **Double Bind bereitet den Boden für derlei toxische Psychogramme im System.**
• Es treten zudem vermehrt **Wesensveränderungen beim Hierarchieaufstieg** auf, insbesondere bei nicht gefestigtem Wertesystem dieser Aufstiegskandidaten.
• Gerade bei Matrix-Strukturen mit den ihnen immanenten unklaren Verantwortlichkeiten besteht die **gesteigerte Gefahr, dass diese Psychogramme besonders leichtes (Double Bind-) „Spiel" haben.**
→ **Atmosphäre der Angst**
→ (noch) (weiter) *sinkende* Produktivität/Qualität der Arbeitsergebnisse
→ schlechtes Personalmanagement, richtungslose Führung, (Ressourcen-) Missmanagement oder sogar Betrug (Boddy et al., 2016).

Arbeits-Bindungs-/Arbeitsbeziehungsstörung zu der Organisation

Im Arbeitskontext **entsteht durch diese Double Bind-Mechanismen nach meiner Hypothese (Kutz, 2018) eine Arbeitsbindungs- bzw. Arbeitsbeziehungsstörung; Vertrauen in die Organisation** und in die darin agierenden Führungskräfte **geht verloren.**

Denn sind die „Sachse-Beziehungs-Motive"
Anerkennung   => Wird *„Mitarbeiter sind unsere wichtigste Ressource"* – wirklich? – gelebt?
Wichtigkeit   => authentische Einbindung in Entscheidungs- und Arbeitsprozesse?
Verlässlichkeit => Umgang mit Vertraulichkeit in der Organisation?
Solidarität   => stehen Vorgesetzte hinter den Mitarbeitern, nach innen und außen?
Autonomie   => wieviel Entscheidungs-/Handlungsspielraum bekommt ein Mitarbeiter?
Grenzen   => klare Aufgaben, Rollen und Zuständigkeiten?

im Arbeitskontext in **Dys-Balance** bzw. sind eine **oder** sogar mehrere Motivebenen **verletzt,** trägt dies massiv zu der von mir (Kutz, 2018) vermuteten Arbeitsbindungs- und Arbeitsbeziehungsstörung und den daraus resultierenden weiteren negativen Folgen für Mitarbeitende und Unternehmen bei.

Fluktuation und damit Know-How-Drain/Braindrain steigen

Denn Mitarbeiter mit einem Gespür dafür, ob diese Balance besteht, bzw. mit einem intakten Wertesystem haben in Double Bind Organisationen **im Grunde nur drei Optionen** – es sei denn, sie können ausreichende Gegengewichte etablieren (siehe Tandem-*essential*) –
• **Räumlich verlassen:** Kündigen – bei Alternativen auf dem Arbeitsmarkt; sonst bleibt u. U. nur die Variante des übernächsten Bulletpunkts, was für die Individuen und die Unternehmen gleichermaßen fatal ist);
• **Mental verlassen** – sich (innerlich) abspalten – innere Kündigung – psychische, physische, psycho-somatische Erkrankungen (die „3 Kanäle");
• **Schlimmstenfalls** die fatalste Double Bind-Folge: existenziell-physisch durch Suizid, insbesondere bei gefühlter Ausweglosigkeit und depressiver Verstimmung.

Negatives „Employer-Branding"

• verhindert ein Gewinnen/Halten (neuer) Mitarbeiter.
• Die Organisation verliert gut ausgebildete/fachlich kompetente/engagierte Mitarbeiter.
• Gerade in Zeiten des Fachkräftemangels ein Teufelskreis:
    Dadurch, dass keine neuen Mitarbeiter mit unverstelltem Blick von außen in das System kommen, welche dieses durch neue Ideen befruchten könnten (was durch die Autopoiese-Mechanismen ohnehin schon erschwert bis verunmöglicht wird), verstärken sich all diese unguten Entwicklungen stetig selbst und treiben die Negativ-Spirale an.

**Lernen (kontinuierliche Weiterentwicklung) wird eingestellt/
Kreativität leidet – bei Mitarbeitern wie Organisation**

• **Flexibilität für rechtzeitiges Reagieren auf Veränderungen** im Umfeld **geht verloren,
für proaktives Agieren ohnehin.**
• **Erfolglosigkeit der Organisation, weil Kreativität und Bereitschaft, für Ziele zu
arbeiten, verhindert werden,** und die **Organisation aufhört zu lernen** (Ausblenden
von Fehlern als Lernchance) plus sie es **dadurch verpasst, sich rechtzeitig zu verbessern, anzupassen, weiterzuentwickeln.**

Innovationen stagnieren/bleiben aus/Markt-Trends werden verpasst

• Ineffizienz/Ineffektivität nehmen immer weiter zu.
• Wirtschaftlichkeit, Wettbewerbsfähigkeit sinken immer weiter ab.
• Zeit- und Kraftverlust bei dem (sinnlosen) Versuch, die Double Bind-Anweisungen doch
noch entschlüsseln zu können.
• Energie fließt in Konflikte und Machtspiele statt in Zukunftsvisionen, Innovation, inhalt-
liche Arbeit und Wertschöpfung.
• Know-How-Verlust durch gesteigerte Fluktuation.
• Employer-Branding leidet (noch mehr).
→ **Paralyse, Stagnation/Veränderungs-Resistenz, (Selbst-) Demontage des Systems**

Qualität, Verkaufszahlen, Finanzen sinken

• Fehlinvestitionen, hausgemachte finanzielle Verluste
• Organisations-Reputation und Employer-Branding sinken weiter
• Unattraktivität für Fach- und Führungskräfte

Blick-Verengung auf reinen Rendite-Fokus

blendet etwaige, eine (gesunde) Unternehmens-Weiterentwicklung ermöglichende, sinnstiftende Visionen und wertegeleitete Zielsetzungen aus; und endet in Wertearmut des
Unternehmensleitbildes mit
• ubersteigertem Qualitätsanspruch
• unrealistischen Leistungsvorgaben
• Unternehmens-Sinn ist ausschließlich materiell orientiert bei gleichzeitig Double Bind-
bedingten lediglichen Schein-Visionen.

**Die Double Bind-Virus-Toxizität infiziert auf diese Weise am Ende die gesamte Organisation,
weil sich der Double Bind-Virus aufgrund der vielfältigen Wechselwirkungen
innerhalb des Systems in alle Systembereiche ausdehnt.**

Organisationale Selbst-Zerstörung

- **Unternehmens-Reputation sinkt wegen mangelnder Produkt-Qualität und negativen Employer-Brandings** immer weiter ab
- Qualifizierte und engagierte Mitarbeiter verlassen die Organisation – weiterer **Brain-Drain**[12]
- **Noch weitere Leistungsabnahme bei den verbleibenden Mitarbeitern und der Organisation**
- Ertragslage/Marktpositionierung sinkt (weiter)
- „Knall" und Untergang der Organisation sind quasi vorprogrammiert
- Verschwinden vom Markt durch Insolvenz, Übernahme, Zerschlagung, Fusion.

→ **Double Bind-Organisationen zerstören zuerst ihre Mitarbeiter und dann sich selbst.**

→ **Eine Double Bind-Organisation schafft sich letztlich selbst ab.**

Double Bind-Organisational Burn Out-Abwärts-Spirale
- Organisation -

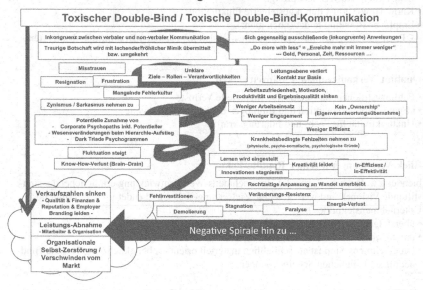

---

[12] Kutz (2017).

Zwischen-Fazit: Transformation tut dringend Not

4

Double Bind-Organisationen führen zu

- **Inflexibilität/Stagnation/Erstarrung/Rigidität** bei Individuum und Organisation
- **Verhinderung von Lernen** auf individueller und Organisations-Ebene
- **Unterlassen einer rechtzeitigen Veränderungseinleitung.**

Also zum genauen **Gegenteil dessen, was für eine rechtzeitige Transformation in der VUCA/BANI-Welt nötig ist/wäre.**

Nötig ist daher eine

- **Abkehr von Double Bind-Mechanismen und toxisch-auszehrenden Double-Bind-Unternehmen**
- **Umkehr im Denken und Handeln**
- **Nachhaltige Unternehmens-Transformation hin zu Systemik-basierter Organisations-Kultur für nachhaltige Unternehmens-Resilienz,** um in der VUCA/BANI-Welt angemessen agieren zu können.

Dafür ist **radikales Umdenken nötig.**

Denn wie Albert Einstein sagte:
„Probleme kann man niemals mit derselben Denkweise lösen, durch die sie entstanden sind."

A. Kutz, *Mit Systemik zu nachhaltig erfolgreicher Unternehmens-Resilienz,* essentials, https://doi.org/10.1007/978-3-658-43004-7_4

Wer also (Unternehmens-) Realität verändern will, muss Denkstrukturen, innere Haltung(en) und die Kommunikation nach innen und außen verändern!

Beim Individuum:

- vom Zer-Setzen zum Ziele-Setzen („From Growling to Goaling")
- vom Problem-Fokus zum Lösungsfokus

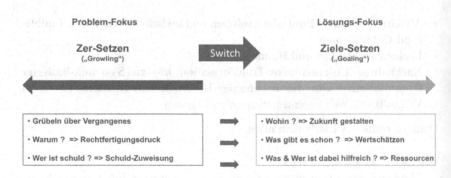

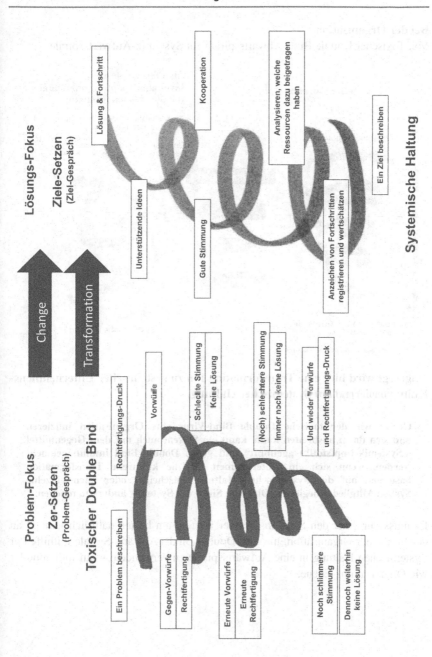

Bei der Organisation:
Von Toxischer Double Bind-Abwärtsspirale zur Systemik-Aufwärtsspirale.

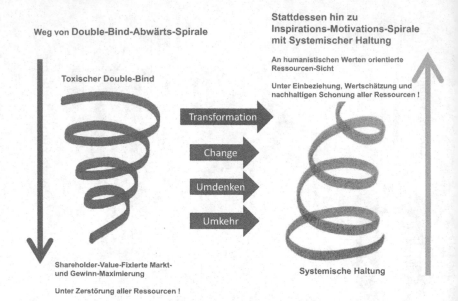

Angeregt wird hier eine Transformation hin zu systemischer Unternehmens-Kultur basierend auf Systemischer Haltung.

Genau wie der toxische Double Bind-Virus eine Organisation infizieren und sich darin ausbreiten kann, kann ein System auch mit dem Gegenmittel („Systemik-Impfstoff") „geimpft" und gegen Double Bind immun gemacht werden, wenn sich ein Unternehmen für die kulturelle Transformation basierend auf der Systemischen Haltung entscheidet oder auch einzelne System-Mitglieder beginnen, Dinge im Sinne der Systemik anders zu machen.

Es muss nur einer den Stein ins Wasser werfen, am besten natürlich jemand an der Spitze der Organisation, um die (Double Bind-) Abwärts-Spirale mithilfe der Systemischen Haltung in eine Aufwärtsspirale zu verwandeln – auf individueller wie Organisations-Ebene.

Systemische Haltung und Handlungsweisen für eine resiliente Organisation installieren

5.1 Systemische(s) Grundüberlegungen Gedankengut/Haltung/Herangehensweisen

Systemik vereint Gedankengut unterschiedlichster Vordenker als Basis für die Systemische Haltung und der darauf basierenden Vorgehensweisen (Kutz, 2020).

[1] – *Systemische Haltung als Basis*

Konstruktivistische Grundannahme(n)	• Sprache konstruiert Wirklichkeit (Konstruktivismus). • Alles, was gedacht werden kann, kann auch getan werden. • Alles, was gedacht wird, wird auch getan. • Jeder konstruiert seine eigene/n „Landkarte/n" im Kopf und hat damit seine ganz eigene Vorstellungswelt; von außen sind diese nur annäherungsweise für eine andere Person erfassbar; diese Annäherung ist über Kommunikation allenfalls teil-erreichbar; es kann also keine objektivierbare Realität geben (Radikaler Konstruktivismus). • Im sog. sozialen Konstruktivismus wird Realität durch Dialog, Kommunikation, Perspektiv-Wechsel und Perspektiv-Vielfalt ausgehandelt; wer also Realität verändern will, muss Kommunikation verändern (Watzlawick, 1976, S. 6/7).

A. Kutz, *Mit Systemik zu nachhaltig erfolgreicher Unternehmens-Resilienz,* essentials, https://doi.org/10.1007/978-3-658-43004-7_5

Wertschätzung	• (Be-)-wertungsfreie Akzeptanz des Gegenübers (Wertschätzung) einschließlich dieser seiner individuellen „Landkarten" und Ideen
Neutralität	• Die „Landkarten"/Ideen anderer werden mit einem neutralen, unvoreingenommenen Blick betrachtet. • „Neutralität" bezieht sich auf alles – Individuelle Veränderungsbereitschaft/Veränderungsfähigkeit. – Die Tatsache, ob Veränderung letztlich stattfindet. – Das Eigentempo jedes einzelnen. – Das jeweilige soziale Umfeld. – Wertesystem/Ideen/Lebensentwürfe der anderen. – Lösungsvorschläge.
Allparteilichkeit	• = alle Beteiligten gleichermaßen empathisch im Blick zu haben • D. h. (Sub-)System-Bestandteile, Außenbeziehungen und „interne" wie „externe" (Sub-) Systeme in den Blick zu nehmen; • Sich in deren jeweilige Perspektive hineinversetzen und diese nachvollziehen zu wollen – nicht: diese zwingend auch zu teilen!
Respekt und Augenhöhe	• Respekt gegenüber Personen bei gleichzeitiger Respektlosigkeit gegenüber deren (verfestigten) Ideen; • D. h. ein System erlaubt sich, diese Ideen infrage zu stellen. • Dieses Hinterfragen wird respektvoll vorgetragen. • Ein Respektieren und Achten auf Augenhöhe; also das Gegenüber als gleichwertig und ebenbürtig anzusehen und als solches zu achten.
Kongruenz Authentizität	• Speziell in der Kommunikation (verbal wie non-/para-verbal) • Im gesamten Verhalten
Eigenverantwortung/ Selbstverantwortung	• Eigenverantwortung für – die eigene innere Haltung – die eigene Kommunikation – das eigene Denken und Tun – eine Herbeiführung von Veränderung/en • Selbstverantwortungsübernahme • Eigen-Initiative • Proaktives Vorgehen (Handeln)

Transparenz Offenheit Flexibilität	Dazu zählt • Kongruente authentische Kommunikation und • Offenheit für Neues, neue/andere Ideen (anderer) sowie • Perspektiv-Wechsel bei gleichzeitiger Augenhöhe mit dem Gegenüber
Respektvolle Neugier	auf • Personen und ihre Ideen • Inhalte • Neues => respektvoll-neugierige, lern- und wissbegierige Grundhaltung • Basierend auf echtem Interesse sowie „kindlicher" Neugierde, in allem etwas Interessantes, Spannendes, für künftige Lösungen Hilfreiches zu entdecken.
Ressourcen-, Kompetenz-, Lösungs-, Zukunfts-Fokus	• Das (Klienten-) System verfügt über alle für eine Lösung nötigen Ressourcen; es gilt diese „nur" zu ent- und aufzudecken. • Systemisches Reframing[1] • „etwas ist lediglich noch nicht ganz vollständig vorhanden" • „Futur II-Formulierungen" (siehe dazu Tandem-*essential*)
Kontextabhängigkeit	• Einbeziehung des Kontextes einer Kommunikations-Situation in alle Überlegungen
Zirkuläre Wechselwirkungen/ Wechselwirkungs-Spiralen	• Keine linearen Ursache-Wirkungs-Zusammenhänge, sondern • Konsequentes Denken in/Betrachten aller Interaktionen als – Zirkuläre/n und multi komplexe/n Wechselwirkungs-Schleifen • Systeme sind wie Mobiles. Ein Impuls setzt sich in den anderen Systembestandteilen fort. Denn nach systemischem Gedankengut hängt alles mit allem zusammen. Selbst trotz der auch systemischen Grundannahme, dass Systeme sich erst einmal selbst erhalten, bleiben Impulse nicht ohne Wirkung. Vielleicht nicht steuerbar, aber sie lösen etwas aus.

---

[1] Systemisches Reframing = Dinge in einen anderen Rahmen/Zusammenhang setzen => eine Blickwinkelveränderung bewirken.

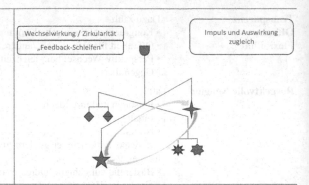

Ganzheitliche Betrachtung	• Durch diese Wechselwirkungs-Spiralen hängt alles mit allem zusammen. • Daraus folgt das Wissen um die Untrennbarkeit von (Re-) Aktion – eines ist immer durch das andere, die jeweiligen (inneren) Anteile/die eingenommenen oder zugewiesenen Rollen und den Kontext (mit-) bedingt.

Achtsamkeit und Menschenfreundlichkeit	• Achtsamkeits-basierte, Menschen- und Schöpfungs-zugewandte, wertschätzende, bedingungs-los und Vor-Urteils-frei-annehmende innere Grundhaltung und Menschenfreundlichkeit
Demütige Grundhaltung	• = sich nicht so wichtig nehmen • = sich selbst zurücknehmen
Humanistische Positive Psychologie	• Klientenzentrierte Herangehensweise • Konsequent beim anderen und seinen inneren Vorgängen sein • Also eine sich selbst zurücknehmende innere Haltung gegenüber allem und dem gesamten Umfeld
Empathie	• Flexibel in die jeweiligen Schuhe der anderen Beteiligten schlüpfen – (360° Rundumblick) plus bedingungslos-wert-schätzende Akzeptanz des Gegenübers • Entspricht im Grunde einer Art therapeutischen Grund-Haltung – in der (Psycho-) Therapie ist nach Carl Rogers die therapeutische „Beziehung" das, was heilt![2]
Gestalttherapie	„Das Ganze ist mehr als die Summe seiner Teile".
Das Wissen um	• „In jeder Krise steckt eine (Lern-) Chance". • Probleme sind maskierte Lösungs-Optionen. • Keine Lösung ohne Preis. • Es gibt für alles einen guten Grund.
Perspektiv-Wechsel	Ein ständiges (Ein- und Aus-) Üben von • Perspektiv-Wechsel • Alle Situationen aus mehreren Blickwinkeln betrachten.
Win-Win-Denken	Maßstab: Hat es einen 360° Grad-Nutzen (für Mensch, Tier, Umwelt etc.)?

und dadurch (sich selbst und sein Umfeld) fördernd und vorwärtsbringend.

---

[2] Stenzel und Berking in Berking und Rief (2012, S. 150).

Voraussetzungen dafür

• Menschenliebe (Positives Menschenbild; die menschliche Grundnatur ist gut)
• Geduld
• Empathie = die Fähigkeit,
  – sich in andere hineinversetzen zu können und auch zu wollen
  – ihren *guten Gründen*/Emotionen/psychologischen Mechanismen nachspüren und diese
    nachvollziehen zu wollen
• Akzeptanz
• Wissen darum, nicht alles kontrollieren zu können
• Haltung des
  – Loslassens
  – Auf-Sich-Zukommenlassens
  – Neugierig-beobachtenden Abwartens;
  – Speziell nachdem man einen Impuls an ein Gegenüber/in ein System gegeben hat.
• offener, (be)wert(ungs)freier, vorurteilsfreier Blick auf alles
• Überzeugung, dass Dinge letztlich nicht plan-, aber im jeweiligen Moment gestaltbar
  sind
• authentisches
• wissbegieriges breitgefächertes und in die Tiefe gehendes, umfassendes
• eben **Komplexität begrüßendes**

• *Interesse an bzw. am*

• anderen und seinen Ideen
• diversen neu zu erschließenden, Lern- und Themenfeldern aller Art und Inhalte
• allen, einen selbst umgebenden „(Sub-) Systemen" – egal welcher Art oder Ebenen
• gepaart mit dem Blick auf die darin ablaufenden diversen Wechselwirkungen.

Systemische ganzheitliche Sicht mit (inneren) Sub-Systemen (Anteilen) und Wechselwirkungen, welche jeweils Kontext- und Rollen-abhängig unterschiedlich sein können bzw. sich zudem kontinuierlich verändern.

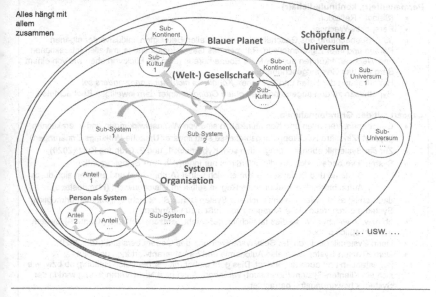

[2] – Daraus/f basierende/resultierende *Systemische Herangehensweisen*

Permanente(r), kontinuierliche(r)
- (Selbst-) Reflexion
- Perspektiv-Wechsel
- 360°-Beobachtung des Geschehens zwischen allen Beteiligten, inklusive der eigenen Person und ihrer Eigenanteile im Rahmen des Gesamtgeschehens, mit allen Interaktionen und Wechselwirkungen aus der Meta-Ebene heraus (also ein Blick von oben wie von einem Berg auf das Gesamtgeschehen)
- Hinterfragung der Ideen und Systeme: *„Könnte es nicht auch ganz anders sein?"*
- Hypothesen zu den angenommenen *guten Gründen* hinter dem jeweiligen Beobachteten.

gepaart mit den Grundannahmen
- Geschehen, Verhalten und Kommunikation sind von Wechselwirkungen und Interaktionen geprägt (Zirkuläre Rückkoppelungsprozesse statt linearer Ursache-Wirkungs-Erklärungen)
- Zur die Systemik ebenfalls prägenden sog. Kybernetik 1. und 2. Ordnung Kutz (2020)
- Systeme verändern sich ständig, allerdings nur innerhalb ihrer Selbstregulation
  - o Systeme und Subsysteme formen sich selbst (Autopoiese) und erhalten sich durch Aufrechterhalten ihrer eigenen Regeln selbst im Gleichgewicht (Homöostase).
- dadurch ist es schwierig, wenn auch aus Systemischer Sicht nicht vollkommen unmöglich, Systeme durch freundliche Anregung von außen zu verändern;
- ob bzw. in welcher Weise dies tatsächlich geschieht, „entscheidet" das (Klienten-) System ausschließlich selbst;
- Denn Systemik geht von der Selbstverantwortung des Gegenübers aus (Kutz 2020).
- Dem Klienten-System wird also Autonomie und Selbstverantwortung zugetraut, zugestanden und auch abverlangt. Dies geht einher mit der neutralen Haltung, ob bzw. wie sich ein Klienten-System (überhaupt) verändert. Auch eine Nicht-Veränderung wird in der Systemik bewertungsfrei betrachtet.

Wichtige Ausgangsbasis der systemischen Herangehensweise ist also

→ Ergebnisse und Lösungen sind nicht klar vorhersehbar, vorhersagbar, steuerbar.

→ Die Kombination aus Allparteilichkeits- und Neutralitäts-Haltung unterstützt eine ergebnisoffene Herangehensweise an Herausforderungen.

→ Für einen fruchtbaren Umgang mit Entwicklungen und Veränderungen ist nach Systemischen Grundsätzen eine flexible, neugierig-spielerische Herangehensweise essentiell – begleitet von dem neutralen Blick auf das, was geschieht – oder eben auch nicht (geschieht).

→ Man kann (Klienten-) Systeme nur zu Veränderungen anregen, sie dazu einladen, sie ermuntern, eine andere Perspektive einzunehmen. Dezidierter Einfluss auf das konkrete Ergebnis besteht meistens nicht; in der Regel lässt sich nichts „erzwingen".

→ Dadurch trägt Systemik zu einer „federnden" Flexibilität und Leichtigkeit und fast spielerischem Umgang mit Veränderungen aller Art bei.

5.2   Die guten Nachrichten

[1] – Man kann die Welt verändern, wenn man sein Denken verändert
Wenn sich also ein Unternehmen vom toxischen Double Bind weg und statt-
dessen hin zu Prosperität und nachhaltiger Resilienz – speziell in der VUCA/
BANI-Welt – verändern will, muss es **an der inneren Haltung aller System-
Mitglieder ansetzen.**
  **Denn wer Realität verändern will, muss die Denkstrukturen, innere
Haltung(en) und die Kommunikation nach innen und außen verändern!**
Auch dies beruht auf an sich altem und bekanntem Wissen:

Achte auf Deine Gedanken, denn sie werden Worte.
Achte auf Deine Worte, denn sie werden Handlungen.
Achte auf Deine Handlungen, denn sie werden Gewohnheiten.
Achte auf Deine Gewohnheiten, denn sie werden Dein Charakter.
Achte auf Deinen Charakter, denn er wird Dein Schicksal.[3]

Die Parallelen zum Systemischen Gedankengut sind augenfällig.

[2] – Systemik und Resilienz kann man (er)-lernen
Auch Resilienz hat viel mit Denk- und Kommunikationsmustern zu tun
(Mourlane, 2013).
  Denk- und Kommunikationsstrukturen sind Dank der sog. **Neuroplastizi-
tät**[4]**,** also der Fähigkeit des Gehirns, während des gesamten Lebens zusätzliche
Verbindungen im Gehirn zu knüpfen, und sich so permanent neue Fähigkeiten,
Denkweisen und innere Haltungen anzueignen, durch Erlernen und regelmäßiges
Ein- und Aus-Üben veränder- und (um-)gestaltbar.
  Genauso wie man das toxische Double Bind-Kommunikationsmuster durch
„Umprogrammierung" **ver**-lernen kann (Kutz, 2016, 2018), kann man also
auch die Systemische Haltung und die damit einhergehende Systemischen
Kommunikations- und Herangehensweisen **er**-lernen und durch regelmäßiges
(Ein- und Aus-) Üben stetig verbessern.

---

[3] Zitiert aus: Ahrens & Ahrens (2013); https://www.aphorismen.de/zitat/19331; Login:
30.03.2023; Ursprung China bzw. unbekannt.
[4] https://de.wikipedia.org/wiki/Neuronale_Plastizit%C3%A4t; Login: 08.07.2023.

Systemik und Resilienz sind daher durch eine Veränderung der inneren Haltung, Denkmuster und Verhaltens-/Handlungs-Muster erlernbar.

Der Weg führt also von Systemischer Haltung über Systemisches Denken zu Systemischem Handeln
-
und gleichzeitig zu Resilienz (-Steigerung).

Resilienz

Systemisches Handeln / Agieren

Systemisches Denken

Resilienz-Spirale ...

Systemische Haltung

5.3   Mit Systemik Schritt für Schritt zu nachhaltiger Unternehmens-Resilienz und Prosperität

[1] – Systemische Haltung als Ausgangsbasis implementieren

Das Unternehmen (also die oberste Führungsebene) „entscheidet sich" für
- Eine von Systemischer Haltung getragenen Unternehmungs-Kultur
- Basierend auf dem humanistischen Menschenbild
- Ressourcen-, Kompetenz- und Lösungs-Fokus
- Authentische wertschätzende Haltung in alle Richtungen – Mensch, Tier, Umwelt, Mitarbeiter, Führungskraft – egal welcher Hierarchiestufe
- Einen Blick und die Empathie für das Aufspüren *der guten Gründe* hinter jedem Verhalten
- Authentische Kommunikation/erlaubte Meta-Kommunikation
- Authentische Wertschätzung für bereits Vorhandenes/ALLER vorhandenen Ressourcen im Unternehmen
- Rollen-, Zuständigkeits- und Verantwortungsklarheit
- Authentische Wertschätzung geäußerter Verbesserungsvorschläge
- Sachlich-nüchterne Betrachtung von Fehlern als Lernchance bzw. als Experimente mit Verbesserungspotenzial
- Ein nicht nur erlaubtes, sondern gefördertes Hinterfragen von Bestehendem zwecks Blickweitens für Innovationen – „*What Got You Here Won't Get You There*"•
- Die Installierung und Aufrechterhaltung eines sachzweckorientierten Unternehmens

* was euch (bis) hierher gebracht hat, wird euch nicht zwangsläufig weiter- bzw. „dorthin"/einen weiteren/anderen (ggf. besseren)
Ort bringen. (Buchtitel von Goldsmith & Reiter, 2007)

„Dies beinhaltet echte, ernstgemeinte, authentische und konsequent von ganz oben vorgelebte bis nach unten von allen Ebenen auch eingeforderte ressourcenorientierte Sichtweise, einschließlich einer echten, ernstgemeinten, authentischen Fehlerfreundlichkeit zwecks Lernchancen."
(Kutz, 2016, S. 40).

Voraussetzungen dafür:

• **MUT** – auf allen Seiten.

• Die Grundhaltung, dass alle einen anerkennenswerten/wertschätzungswürdigen Kern haben = positives, humanistisches Menschenbild.

• Wertschätzende, zwischenmenschliche Verbundenheit mit dem Ziel der stetigen gemeinschaftlichen Verbesserung der gemeinsamen Sache.

• Innere Überzeugung bzw. Gewinnung der obersten Führungsebene dafür und darauf basierend:

• Top-down Einführung und Vor-Leben dieser Herangehensweisen – plus konsequente Ein- und Durchführung im gesamten Unternehmen – auf ALLEN Hierarchiestufen.

[2] – Systemische wertschätzende Kommunikation
basierend auf der **Systemischen Haltung** für eine resiliente Organisation **installieren.**
Dafür sind **abzustellen**

• Paradoxe, vergiftende, toxische, unauthentische (Double Bind-) Kommunikation
• Zynismus, Sarkasmus, ständige Unzufriedenheitsäußerungen – vergiftende „Klagerunden".

Stattdessen ist eine **Verantwortungsübernahme für** die **eigene Kommunikation nötig** und ein **ganz bewusster Ressourcen-Fokus** darauf zu legen, **was gut funktioniert, was an Positivem und Funktionierendem schon vorhanden ist, welche Ressourcen im System bereits existieren, und dies auch in der Kommunikation zum Ausdruck zu bringen.**

Die dadurch zunehmend wertschätzender, unterstützender werdende Kommunikation der Mitarbeitenden aller Hierarchiestufen untereinander und damit innerhalb der gesamten Organisation erleichtert allen Organisationsmitgliedern – egal welcher Hierarchiestufen – die täglichen Herausforderungen, **schafft** eine **Vertrauensbasis** untereinander und stärkt die gegenseitige Wertschätzung und Unterstützung im Arbeitsalltag.

Dies ist gleichzeitig die **Basis für eine veränderte** und **das Organisations-System dadurch verändernde, impulsgebende Kommunikation** mit allen in der Positiv-Spirale beschriebenen Positiv-Folgen.

[3] – 360°-Achtsamkeit und Empathie
Für die Positiv-Spirale sind die weiteren Systemischen Haltungsbestandteile
Achtsamkeit und Empathie gegenüber sich selbst und sämtlichen Organisations-
Mitgliedern (Kollegen wie Führungskräften aller Ebenen) erforderlich, also
360°-Achtsamkeit und Empathie.

Achtsamkeit

In **Achtsamkeit** steckt auch „jemanden zu achten" – jemandem Achtung zollen.

Ein interessantes Beispiel dazu gibt es im **Arbeits- und Organisationspsychologie-
Kontext.**
Eine Unternehmensleitung machte die Vorgabe, dass es KEINEN, auch nicht einen ein-
zigen Arbeitsunfall zu geben habe.
Folge war: ALLES in diesem Unternehmen verbesserte sich: Teamkooperation, Arbeits-
zufriedenheit, (Arbeits-)Ergebnisse, Reputation, Umsatz, Gewinn.
Eine mögliche Erklärung könnte tatsächlich die gegenseitige Achtsamkeit und Empathie,
das Auf-einander-Achten, das Sich-Gegenseitig-Achten – also einer der wesentlichen
Anteile der Systemischen Haltung – und die daraus resultierende achtsamere Behandlung
von ALLEM – Kollegen, Führungskräften, Mobiliar, Umwelt, Werkzeuge – gewesen sein.

Empathie

Empathie gegenüber sich selbst
• Was brauche ich selbst, um gut arbeiten zu können?

Empathie gegenüber anderen
• Welcher *gute Grund* könnte hinter diesem oder jenem Verhalten des Gegenübers stecken?
• Was könnten die jeweiligen – berechtigten – Interessen sein?
• Diese wertfrei betrachten.

Zusätzlich hilfreich für die empathische Einfühlung in die Vorstellungswelt anderer ist
neben der von Goleman (2000) eindrücklich beschriebenen sog. **Emotionalen Intelligenz,**
das **Systemische Wissen um die jeweils individuellen, von außen nur bedingt erfass-
baren „Landkarten" im Kopf.** Dadurch wird es selbstverständlich, diese Ideen-Welt
respektvoll-achtsam durch wertschätzende Kommunikations-Interaktion zu erkunden
und nicht seine jeweils eigenen Vorstellungswelten und Ideen als die allein-gültigen zu
begreifen bzw. vorauszusetzen.

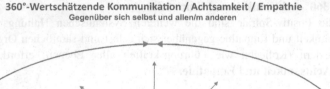

360°-Wertschätzende Kommunikation / Achtsamkeit / Empathie
Gegenüber sich selbst und allen/m anderen

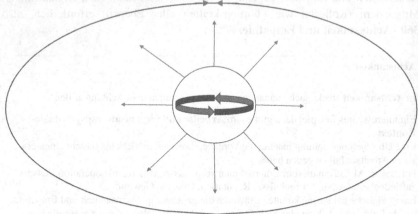

[4] – Respekt und Augenhöhe

Jemanden zu achten, bedeutet auch, ihn zu respektieren.

Die Grundsätze der gelebten *Augenhöhe* und *Respektlosigkeit gegenüber Ideen* **ermöglichen** ein **Hinterfragen** festgefahrener und verkrusteter Muster **über** alle **Hierarchieebenen hinweg.**

Respekt und Augenhöhe führen **in Führungskontexten** zu

- Einräumung von Handlungsspielraum für die Mitarbeiter bei der Aufgabenerfüllung
- den Mitarbeitern und Kollegen etwas zuzutrauen, auch: dass diese diesen Handlungsspielraum verantwortungsvoll nutzen werden
- ihnen Autonomie zuzugestehen
- in der Grundhaltung, davon auszugehen, dass sie es können, also das entsprechende Know-How bereits besitzen oder es sich eigenverantwortlich für die Aufgabenerfüllung aneignen.
- Eine Führungskraft
    – entscheidet das „Was" (Ziel, Vision) und
    – delegiert
        die Entscheidung über das „Wie" auf die Mitarbeitenden plus
        die Ausführung des „Wie" durch diese.
- Förderung von Autonomie, inklusive einem Willkommenheißen selbständigen Denkens, sowie von Eigeninitiative, Verantwortungsübernahme seitens der

Mitarbeiter für ihr Thema, ihre (persönliche) Weiterentwicklung, ihre kontinuierliche Weiterbildung (Lebenslanges Lernen).

[5] – Konsequente Ressourcen- und Kompetenz-Sicht bewirkt als weiterer Baustein der Positiv-Spirale einen **Fokus auf schon gut Funktionierendes** in der Organisation. Dazu gehört, **vorhandenes Know-How wahrzunehmen und anzuerkennen.**

Dinge, welche noch verbessert werden können, werden im Sinne des Systemischen Reframings als lediglich „noch nicht existent" oder „noch nicht soweit" tituliert.

Dies öffnet die in die Zukunft gerichteten Möglichkeitsräume und Entwicklungs-Chancen bei gleichzeitiger Erhöhung der Wahrscheinlichkeit einer Zielerreichung.

[6] – Konsequenter Lösungsfokus und Lösungsfindung im Dialog auf Augen-höhe ermöglicht, sich in den stetig wandelnden Gegebenheiten der für das Unter-nehmen jeweils bestmöglichen und adjustierten Lösung behutsam, langsam und Schritt für Schritt, iterativ und unter Einbeziehung und wertschätzender Berück-sichtigung aller Ressourcen im Unternehmen, bei gegenseitiger Befruchtung durch deren diverse Ideen anzunähern.

Gleichzeitig ist für eine Lösungsfindung ein Systemischer Dialog auf Augen-höhe über alle Hierarchieebenen hinweg nötig. Nur so können alle Ressourcen einer Organisation, das im Unternehmens-System vorhandene Know-How (an-) gesehen, einbezogen und für die gemeinsame Lösungsfindung fruchtbar gemacht werden.

[7] – Grundsätze der respektvollen Neugier/Offenheit inkl. Offenheit für Neues => Mindset[5]
bezogen auf

* Personen
* Konstellationen
* Themen
* Neues allgemein/Neu-zu-Lernendes
* gepaart mit Wissensdurst/Freude am lebenslangen Lernen

---

[5] Englisch: Mentalität, geistige Haltung.

bewirken bei den Organisations-Mitgliedern **Wissbegierde** und ein dementsprechendes **Mindset der respektvollen Neugier** und **Offenheit für Neues**.
Zusammen mit der **(Be-)Wertungsfreiheit** der systemischen Haltung legt dies die Basis bzw. fördert die Voraussetzungen für Offenheit für

- **anderes Denken/Anders-/Um-Denken** (eigenes und das von anderen, **insbesondere von neuen System-Mitgliedern/Mitarbeitern**)
- **Um-Schwenken auf konsequenten Ressourcen-, Kompetenz- und Lösungs-Fokus**
- ein Ermöglichen eines befruchtenden Austausches zu Anregungen und **neuen/anderen Ideen.**

Voraussetzung ist auch hier wieder ein auf der Systemischen Haltung fußendes echtes authentisches Interesse am Gegenüber und seinen (Lösungs-) Ideen und Vorschlägen.

[8] – Unterstützung durch positive/ethische Führung
Führungskräfte mit verinnerlichter Systemischer Haltung können die Positiv-Spirale durch eine Implementierung systemisch fundierter Rahmenbedingungen unterstützen.

Schnittmengen mit den hier basierend auf der Systemischen Haltung vorgestellten Führungs-Bestandteilen weist das Konzept der sog. *Adaptive Führung*[6] hinsichtlich der Empathie, Lernaffinität und Win-Win-Denkweise auf; allerdings ohne Hinweise darauf, *wie* Führungskräfte zu dieser inneren Haltung gelangen.

Der **von mir hier vorgestellte Ansatz, Führungskräften durch entsprechende Systemische Weiterbildung** die **Basis der Systemischen Haltung** für alle weiteren Positiv-Bestandteile der darauf basierenden Führungsarbeit **zu eröffnen, reicht darüber hinaus, weil er die entscheidende Ebene „tiefer" geht** und an der Ethik- und humanistisch-wertebasierten Grundhaltung zum Menschen, Umfeld, Umwelt und letztlich gesamten Schöpfung ansetzt.

---

[6]Dhiman, S. K. (2023).

Klare, sinnstiftende Unternehmens-Vision inkl. Systemik im Unternehmensleitbild

Schon Mitte der 1990er Jahre forderten Drouillard und Kleiner (1996) eine **veränderte Führungsdefinition ("Effektive vs. gute Führung")** – nämlich ergänzt um
• Werte
• Ethik
• Moral
• Integrität
• Ehrlichkeit
• Fairness
• Humanität.

Die Parallele zur Systemischen Haltung mit humanistisch fundierter Herangehensweise sowie dem ihr zugrundliegenden Wertefundament ist augenfällig:
• Humanistisches Wertesystem
• Authentizität
• Fairness
• *Gute Gründe* hinter Verhalten aufspüren zu wollen
• Diese wertzuschätzen, anzuerkennen (ohne zwingend zu teilen),
• Augenhöhe.

Um die **Systemische Haltung und Herangehensweise als Basis für alles Handeln** in der Organisation **und damit die Positiv-Aufwärts-Spirale** mithilfe einer Implementierung eines moralischen Kerns in die Organisation zu legen, **ist**
• **deren Verankerung im Unternehmensleitbild sowie den Führungsgrundsätzen**
• **einschließlich einer darin verankerten Balance zwischen materieller Orientierung und Werte-/Sinn-Stiftung (Purpose)** plus
• ein **„Durchlaufen" einer fundierten Systemischen Weiterbildung** am besten aller Organisations-Mitglieder, vor allem aber der Führungskräfte

zwingend nötig.

Als Basis ist also eine (klare) sinnstiftende Unternehmens-Vision für die Produkte und Zukunftsfähigkeit der Organisation auf der Grundlage des Systemischen Werte-Verständnisses und insbesondere die Systemische Haltung im Unternehmensleitbild und den Führungsgrundsätzen zu implementieren.

Dazu gehört, die **Systemische Haltung zum Auswahlkriterium für Führungs- Stellenbesetzungen aller Hierarchiestufen** und Aufgabengebiete sowie **ihr authentisches Vorleben** in der Organisation zur **Grundlage der unternehmensinternen Gratifikations- und Beförderungssysteme** zu machen.

Dadurch wird die Grundlage geschaffen, dass
• alle **Organisations-Mitglieder den Sinn (Purpose)** für ihr tägliches Tun erkennen können,
• die **gemeinsamen Zukunfts-Vision** für die jeweiligen Produkte sowie für die gesamte Organisation **verinnerlichen.**

Dies **fördert die Haltung aller Organisations-Mitglieder aller Hierarchie-Ebenen, dass alle gemeinsam, unabhängig von ihrem konkreten Aufgabengebiet, für diesen Gesamtorganismus und dessen Wohlergehen arbeiten,** von dessen Prosperität alle gleichermaßen abhängen.

Motivation und Volition – Was bei der Visions-Entwicklung wirklich hilft

Zu diesem **Wesens-Kern,** dem *Purpose,* lässt sich mithilfe der Systemik und der damit verbundenen kontinuierlichen Weiterentwicklung vordringen.
• Was will das Unternehmen wirklich?
• Auf welcher Werte-Basis?
• Daraus ergeben sich eine klare Linie („Leitplanken") und
• **Unternehmens-/Organisations-***Vision*
• Die Positiv-Spirale wird ausgelöst.
• Der Unternehmens-Weg wird klar.

Für die weitere Umsetzung dieser Unternehmens-Vision braucht es **Volition, die bewusste und willensbasierte Selbst-Steuerung zwecks Ergebnis-Erreichung.
Letztlich Willenskraft, Selbstregulierung oder Umsetzungskompetenz[7] – Bei allen!**
Die dafür wichtige „Selbst-Disziplin" und Selbst-Führung ist Teil der Systemischen Selbstverantwortung.

Selbst-Erkenntnis/Selbst-Führung/Selbst-Management nehmen zu – bei allen

Eine Systemische Ausbildung lehrt kontinuierliche Selbst-Reflexion und (selbst-) kritisches Hinterfragen der eigenen Antreiber; dadurch fördert sie Selbst-Erkenntnis, Selbst-Entwicklung und ausgeglichene, in sich ruhende (charismatische), selbst-bewusste, weil durch die Ausbildung „sich ihrer selbst bewusst gewordene" Persönlichkeiten.
Dies ist eine wichtige Basis für jeden und noch gesteigert für Führungskräfte jeder Hierarchiestufe.

---

[7] Pelz (2017); Brandstätter et al. (2013).

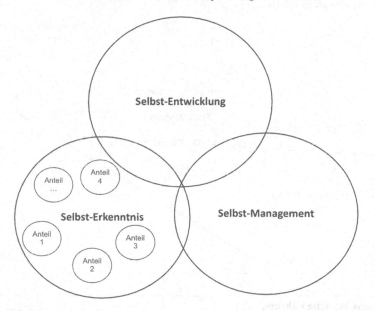

**Selbst-Führung Gesamter Mensch
in seiner Ganzheitlichkeit im jeweiligen Kontext**

Selbst-Entwicklung

Anteil
...

Anteil
4

Selbst-Erkenntnis

Selbst-Management

Anteil
1

Anteil
3

Anteil
2

Denn **für eine Durtündlerung der Systemischen Grundsätze in die Organisation** ist
ein/e
• **Vorbildfunktion = Leiten/Lenken durch Vorbild**
• **Vorleben der Systemischen Haltung seitens der obersten Unternehmensebenen**

nötig und wichtig.

Über die Arbeit an sich selbst im Rahmen der Systemischen Ausbildung wird so die Basis
gelegt für systemisch fundierte Selbstführung, 360°-Führung anderer bis hin zur Unter-
nehmensführung.

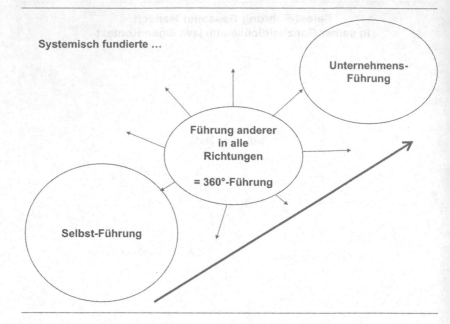

Systemisch fundierte …

Positive/ethische Führung

Die
* **systemisch fundierte Unternehmens-Vision** und
* darauf basierenden, für alle gültigen **gemeinsamen systemischen Werte** ermöglichen
* **positive und ethische Führung**
* einschließlich der Entscheidung für **ethisch-gesetzeskonforme Produkte** und **ethisches Codieren** im Software- und „KI"-Umfeld.[8]

Ressourcen- und Kompetenzsicht für Person-Environment-Fit und Nutzung von Schwarmintelligenz

Durch die **Systemische Ressourcen- und Kompetenzsicht** – gepaart mit der Haltung der Augenhöhe – **wird die Basis gelegt, alle Organisations-Mitglieder mit ihren individuellen Ressourcen, ihrer individuellen Expertise zu sehen und anzuerkennen.**

Dies **erleichtert** sog. *Person-Environment-Fit* und die *Nutzung von Schwarmintelligenz.*

---

[8] Für Details zu diesem vielschichtigen Themenkreis der Ethik im Software- und KI-Umfeld kann hier nur auf die kleine Auswahl weiterführender Literatur im Literaturverzeichnis verwiesen werden.

Denn die Systemische Ressourcen- und Kompetenzsicht ermöglicht Führungskräften
• ihre Mitarbeiter und deren individuelle Stärken und Vorlieben genau zu kennen
• diese ihren Fähigkeiten, Stärken und Vorlieben (Ressourcen) gemäß einzusetzen –
Person-Environment Fit (Caplan, 1987);
• dem Know-How dieser ihrer Fach-Ressourcen genau zuzuhören dadurch, dass sie
• diese zu ihrer Expertise in ihren jeweiligen Fachthemen befragen und offen-unvorein-
genommen anhören und diese Expertise dann auch ernstnehmen und aufgreifen.

Wenn Mitarbeiter ihren Ressourcen, Fähigkeiten, Vorlieben und ihrem Können entsprechend eingesetzt werden, „fliegen" sie von alleine, weil ihre intrinsische Motivation
noch weiter steigt.

**Denn bei optimalem Ressourcen- und Know-How-Einsatz werden
Herausforderungen ohne Überforderungen fast schon automatisch generiert.**

Zusätzlich **erfährt** derjenige über das sog. Situations-Kontroll-Erleben **Selbstmächtigkeit
und** damit **Erfolgserlebnisse,** was „automatisch" sein Selbst-Wert-Gefühl steigert.

In VUCA/BANI-Zeiten kann niemand – auch keine Führungskraft – allein alle Aspekte
im Blick haben, auf alles *alleine* eine, erst recht nicht *die* richtige/einzig gültige Antwort
haben – dazu ist *Schwarmintelligenz* **auf Augenhöhe mit allen im System vorhandenen
Ressourcen** nötig.

Dies setzt Loslassen-Können und Loslassen (-Wollen) voraus.

Die Systemische Weiterbildung unterstützt diese Fähigkeit. Dabei wird in dem
beständigen Wechsel der Gruppen-, Situations- und Kontextumstände permanent ein
souveräner Umgang mit stetigem Wandel, dadurch ausgelöste Gruppendynamiken und
eine immer wieder zu kalibrierende innere Haltung zu diesen Geschehnissen eingeübt.

**Dazu gehört, kontinuierlich und flexibel loszulassen, Vergangenes vorbeiziehen und
gehen zu lassen, Neues hingegen offen und neugierig zu begrüßen.**

Differenziertes Führungs-Rollen-Konzept

mit Unterscheidung zwischen
• **Führungs-Karrieren** und
• **Fach-Karrieren.**

Führungskräfte mit *Menschen*-Führungsverantwortung brauchen
• ein besonderes Interesse dafür, „mit" und „am" Menschen zu arbeiten, also
• echtes, authentisches Interesse an Menschen
• Empathie
• Spaß daran, sich mit allen menschlichen Facetten ihrer Mitarbeiter ernsthaft auseinander-
zusetzen und diese in kommunikativer Interaktion ressourcengerecht zu führen.

**Daher ist es wichtig, Führungsrollen mit systemisch ausgebildeten Führungskräften
zu besetzen, die „*Menschen*-Führung" aus intrinsischer Motivation heraus mögen
und wollen.
Anderen ist eine ebenso angesehene, gleich dotierte Fachexperten-Karriere zu
ermöglichen.**

**Hinterfragen von Etabliertem begrüßen und
Ausprobier-Experimentier-Kultur implementieren**

Positive/Adaptive Führung

- Nimmt den **Systemik-Grundsatz „Respekt gegenüber Personen bei gleichzeitiger Respektlosigkeit gegenüber (deren) Ideen"** ernst.
- Ermöglicht **respektvolles Hinterfragen festgefahrener, nicht mehr hilfreicher Muster, Prozesse, Denk- und Vorgehensweisen.**
- Sorgt für eine Veränderungen willkommenheißende Haltung und
- angstfreie Hinterfragungsmöglichkeiten von Etabliertem (*„Könnte es nicht auch ganz anders sein?"*) – speziell wichtig in Veränderungskontexten! – und
- die Etablierung einer sog. positiven Fehlerkultur – **allerdings in dem hier von mir vorgeschlagenen Systemischen Reframing als „Ausprobier-Experimentier-Kultur".**

---

[9] – **Mein Reframing-Vorschlag**: *Ausprobier-Experimentier-Kultur*
statt „positiver Fehlerkultur/Kultur der Fehlerfreundlichkeit", um die **mentale
Fixierung auf die** in der **Vergangenheit** liegenden „Fehler" – also Nicht-
(mehr)-Veränderbares – **aufzulösen** und **stattdessen** auf **das** in der Zukunft noch
Gestaltbare, zu Erreichende, Wünschenswerte **umzufokussieren.**

Dadurch findet ein **Umdenken von** einem **Vergangenheits- und Problem-
fokus** weg, hin **zu** einem **Zukunfts- und Zielefokus** statt und ermöglicht eine

„Ausprobier-Experimentier-Kultur",
in welcher **Fehler als Helfer für eine Lösungsfindung betrachtet werden.**

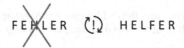

**Adaptive Führung für
Systemische Transformationsbegleitung**

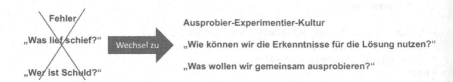

[10] – Positiv-Folgen einer „Ausprobier-Experimentier-Kultur"
Sie ermöglicht,

- **Vertrauen und eine Vertrauens-Kultur** in der Organisation zu etablieren, weil Führungskräfte hinter ihren Mitarbeitern stehen – egal, was passiert;
- **Experimentierfreude** und damit **MVP-/CIP**[9]**-Haltung bzw. -Mindset;**
- **Lernaffinität/Lernagilität** plus ein **Mindset des flexiblen/agilen Denkens und Agierens (*Lernende Organisation*[10]);**
- dadurch kontinuierlich hinzuzulernen und
- **„Fehler" als „Helfer" auf dem Weg zu Verbesserung und damit als lediglich noch nicht komplett Ausgereiftes bzw. Experimentier-Versuch mit Verbesserungspotenzial, also als Quelle für Wachstum aller Art produktiv zu nutzen.**

Die dafür und für VUCA/BANI erforderliche gefestigte Persönlichkeit sowie extrem schnelle Anpassungsfähigkeit an sich rasant verändernde Kontexte und maximale Agilität, Flexibilität (speziell im Denken) sowie fächer- und bereichs-übergreifende Kooperation bringen insbesondere systemisch ausgebildete Mitarbeitende und Führungskräfte mit.

Vertrauens-Kultur

Durch eine Balance der „Coohoo-Beziehungs-Motive" bei systemisch gefestigten Persönlichkeiten mit dem entsprechend authentischen (Kommunikations-) Verhalten und der entsprechenden inneren Balance, welche impulsgebend in die Organisation hineinwirken, **wächst Vertrauen,** und das Unternehmens-System, die Organisation selbst ist bzw. bleibt in Balance.
- **Anerkennung** Authentische Wertschätzung der Mitarbeiter als wichtigste Ressource
- **Wichtigkeit** Ernsthafte Einbindung in Entscheidung- und Arbeitsprozesse
- **Verlässlichkeit** Vertrauliches ist vertraulich; Zuverlässigkeit im täglichen Miteinander
- **Solidarität** Rückendeckung durch die Führungskraft nach innen und außen
- **Autonomie** Entscheidungs- und Handlungsspielraum
- **Grenzen** Klare Rollen, Aufgaben und Zuständigkeiten; Rollenklarheit herstellen

Aus dieser **Vertrauens-Kultur** entsteht ein **psychologisches Sicherheitsgefühl.**

---

[9]**MVP = M**inimum Viable Product (= ein erster Grobentwurf in der Software-Entwicklung, welcher im Weiteren stetig, iterativ und meist mit agilen Methoden weiterentwickelt wird); **CIP = C**ontinous Improvement Process = Kontinuierlicher Verbesserungsprozess (KVP).

[10]Lauer (2014, S. 217).

Auf dessen Basis entstehen

Experimentierfreude

Experimentierfreude ist essentiell für kreative Ideen.

Ein *„Ausprobier-Experimentier"*-**Umfeld ermöglicht deren angstfreies Ausprobieren und damit neue Denk- und Lösungs-Ansätze** und „out-of-the-box-Denken" (also „schrankenloses" Denken), um Neues sowie entsprechende Lösungen zu kreieren **und so Innovationen** aus dem Unternehmen heraus zu generieren, welches seine Produkte und sich selbst auf diese Weise kontinuierlich weiterentwickelt.

Die Systemik-Grundhaltung der Offenheit und vor allem der Neutralität, also der (Be-) Wertungsfreiheit hilft dabei, „Fehlversuche" **vorurteilsfrei als *Ausprobier-Experimente* mit Verbesserungspotenzial zu betrachten.**

MVP-/CIP-Haltung/-Mindset

Die **Systemik-Einsicht,** dass **Ergebnisse und Lösungen nicht vorhersehbar/vorhersagbar, steuerbar** sind, **rüstet zusammen mit** der **systemischen respektvollen Neugier** („mal schauen, was da wohl so rauskommt...") zusätzlich bestens **für** die hoch **volatile** und **agile Software- und KI-VUCA/BANI-Welt** und **das dafür erforderliche agile** *MVP-/CIP-Mindset,* speziell im sog. Agilen Setting.

Für einen erfolgversprechenden Umgang mit den agilen Methoden und der kontinuierlichen Weiterentwicklung eines MVPs, also des ersten rudimentären Entwurfs, meist einer Software, ist genau diese Systemische Haltung mit all ihren Aspekten hochgradig nützlich, in meinen Augen sogar essentiell erforderlich.

Denn **dieses noch unkonkrete *MVP* wird erst dadurch immer weiter einem Ideal angenähert,** dass es Schritt für Schritt anhand der – eben letztlich unkalkulierbaren – Benutzer-Rückmeldungen (Feedback) (Systemische Wechselwirkungsschleifen auch hier!) **im Sinne eines iterativen CIP (kontinuierlichen Verbesserungsprozesses) immer weiter** verändert, anpasst, verbessert wird.

Damit ist dem agilen Ansatz im Grunde immanent, dass ein Produkt an sich niemals fertig ist, weil mithilfe des Feedbacks immer noch etwas gefunden wird, was verbessert werden kann. Dies **gelingt nur mit** einer **inneren Haltung, dass alle Schritte auf diesem Weg** eben *Ausprobier-Experimente* **sind.**

Die Nützlichkeit diese/r *MVP-/CIP-Haltung* ist in der hoch agilen VUCA/BANI-Welt für meine Begriffe **für alle heutigen Unternehmen und Tätigkeitsbereiche essentiell,** also **auch auf jeden anderen Kontext, Zusammenhang, Produkt oder Service übertragbar und dafür hilfreich.**

Diese *MVP-/CIP-Haltung* verflüssigt gleichzeitig einen (übersteigerten, und dadurch ungesunden) Perfektionismus-Anspruch und ist insbesondere für UX-Kontexte[11] hilfreich, weil speziell dort erst im Zusammenspiel mit den Feedbackschleifen mit den Verwendern ein wirklich benutzerfreundliches Produkt entsteht.

Eine „Ausprobier-Experimentier-Kultur" hilft einer Organisation also gerade in der VUCA/BANI-Welt, sich besser aufzustellen, denn sie **fördert eine spielerische Experimentierfreude gepaart mit Neugierde auf die in diesen „Experimenten" liegenden Lernchancen.**

Diese **positive Haltung zu Neuem und Neu-zu-Lernendem** unterstützt bei der immer wichtiger werdenden **Lernaffinität** und **Lernagilität** sowie dem **flexiblen und agilen Denken und Agieren, dem agilen Mindset.**

---

[11] UX = User Experience: die möglichst benutzerfreundliche Gestaltung eines Produktes; https://de.wikipedia.org/wiki/User_Experience; Login: 08.07.2023.

Lernagilität und Lernende Organisation

Lernagilität ist
- die Bereitschaft zu kontinuierlicher Weiterentwicklung, zum Hinzu- und Umlernen
- aus der Erfahrung zu lernen (also ernsthafte „lessons learnt"[12])
- sich neue Fertigkeiten anzueignen.

Durch das Erlernen der Systemischen Haltung ist jemand
- darin trainiert, sich kontinuierlich und sehr schnell auf sich stetig wandelnde Kontexte, Gruppenzusammensetzungen, die individuellen Besonderheiten der Gruppen-Mitglieder und Gruppen-Dynamiken und die mit diesem ständigen Wandel verbundenen Herausforderungen einzustellen,
- flexibel, auch gerade im Denken
- offen für Veränderungen und neuen Erfahrungen
- im besten Sinne also: lernagil.

Die **Sytemische Haltung** und ihre Bestandteile
- interessierte Neugier
- Offenheit für Neues, inkl. neue Personen, Umstände, Kontexte, auch Komplexität
- vernetztes Denken, ein Denken in diversen Wechsel-, Rück-, und Nebenwirkungen,
- ein vielschichtiges, gleichzeitiges Denken in unterschiedlichste Richtungen
- Fähigkeit zur kontinuierlichen Selbst-Verbesserung durch Selbst-Reflexion
- Wissbegierde gepaart mit dem Interesse an kontinuierlicher Weiter-Entwicklung

unterstützen diese Lernagilität zusätzlich.

Wichtig ist daher, seitens der Organisation und der in ihr agierenden Führungskräfte ein **Umfeld der Lern-Agilität** zu **schaffen,** also lernaffine Mitarbeiter in ihrem Bedürfnis nach Weiterentwicklung durch Lernen zu unterstützen.

Denn folgende Sub-Wechselwirkung unterstützt die Lernagilität auf individueller Ebene.

---

[12] Englisch: aus etwas Lehren gezogen habend.

Sich selbst verstärkender Positiv-Kreislauf - Lernagilität

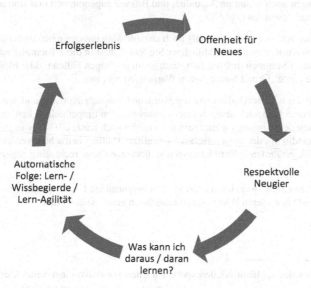

Erfolgserlebnis

Offenheit für
Neues

Respektvolle
Neugier

Was kann ich
daraus / daran
lernen?

Automatische
Folge: Lern- /
Wissbegierde /
Lern-Agilität

Im weiteren Verlauf der Positiv-Spirale entsteht daraus – wieder durch Systemische
Wechselwirkungen – Lernagilität auf der Organisations-Ebene *(Lernende
Organisation)* (Abb. weiter unten)

Verantwortungsbewusstsein auf ethischen Grundlagen

Da diese lernagile **Ausprobier-Experimentier-Kultur** den Mitarbeitenden sehr
weite Handlungsspielräume eröffnet, **erfordert sie gleichzeitig eine gesteigerte Verantwortungsübernahme seitens der Mitarbeitenden.**

Diese müssen ihre dadurch sehr weitgefassten Möglichkeiten – speziell in der Software-
Entwicklung – in besonderer Weise **verantwortungsbewusst** und vor allem **ausgerichtet
an ethischen Grundsätzen** ausfüllen.

Was dies angesichts der diesbezüglichen aktuellen, diversen Veränderungen durch die sog.
„KI" und insbesondere Tools wie *ChatGPT* bedeuten wird, ist schwierig zu antizipieren.

Meine schon in meinem *essential* von 2018 (Kutz, 2018) ergebnisoffen aufgeworfenen Fragen bzgl. der (noch!) menschengemachten „KI"-Entwicklung haben durch die jüngsten Entwicklungen noch weiter an Aktualität und Brisanz zugenommen und sind noch deutlich virulenter geworden (vgl.[13]).

Nicht nur der Vorfall mit den (damals noch anzahlmäßig unbegrenzten und daher) ungefilterten Antworten an den Münchner Studenten lässt in diese Richtung aufhorchen[14]. Die warnenden Stimmen mehren sich, auch wenn in einigen Fällen unklar bleibt, was der tatsächliche „gute" Grund hinter diesen Warnungen sein mag.[15]

Gepaart mit der u. a. durch die extrem gewordene Computer-Nutzung und den Medienkonsum verursachten, sich abzeichnenden zunehmenden Empathielosigkeit nimmt die Ungewissheit des Ausgangs weiter rapide zu (siehe auch Kutz, 2018) – was tatsächlich nicht vollständig mit der Systemischen Neutralitäts-Haltung betrachtet werden sollte, um nicht existenzgefährdende Entwicklungen zu übersehen bzw. rechtzeitig gegensteuern zu können.

Es bleibt abzuwarten, wie sich die gerade erst beginnenden Gegensteuerungs-Maßnahmen[16] bzw. deren Wirksamkeit tatsächlich entwickeln werden.

---

[13] https://www.deutschlandfunk.de/experten-warnen-vor-risiko-einer-vernichtung-100.html; https://www.safe.ai/statement-on-ai-risk#open-letter; Login 30.05.2023;

https://www.deutschlandfunk.de/ki-experten-sprechen-von-gefahren-die-zum-ende-der-menschheit-fuehren-koennten-100.html; Login: 30.06.2023;

https://www.deutschlandfunkkultur.de/kuenstliche-intelligenz-in-den-usa-der-ruf-nach-regeln-dlf-kultur-6bb6a9b0-100.html; Login: 30.06.2023;

https://www.deutschlandfunkkultur.de/ethikrat-fordert-regelwerk-kuenstliche-intelligenz-darf-menschen-nicht-ersetzen-dlf-kultur-8ecf8137-100.html; Login: 30.06.2023

https://www.deutschlandfunk.de/generalsekretaer-guterres-fuer-regulierungsbehoerde-zu-ki-100.html; Login: 30.06.2023

https://www.deutschlandfunk.de/chatgpt-will-fuer-mehr-sicherheit-sorgen-entmachtung-der-menschheit-befuerchtet-108.html; Login: 07.07.2023

[14] https://www.focus.de/panorama/welt/will-versuchen-mich-auszuschalten-chat-roboter-beschimpft-und-bedroht-muenchener-studenten_id_186726997.html;

https://www.br.de/nachrichten/netzwelt/microsoft-ki-bing-chatgpt-muenchner-student-als-zielscheibe,TWUDTAo Login: 01.06.2023.

[15] https://www.deutschlandfunk.de/so-gefaehrlich-wie-pandemien-und-atomkrieg-fachleute-warnen-vor-ki-risiken-dlf-027a1dcb-100.html; Login 30.05.2023; speziell ab Minute 3–5.

[16] Z. B. https://www.deutschlandfunk.de/ki-kuenstliche-intelligenz-chatbot-chatgbt-100.html; https://www.deutschlandfunkkultur.de/ethikrat-fordert-regelwerk-kuenstliche-intelligenz-darf-menschen-nicht-ersetzen-dlf-kultur-8ecf8137-100.html; Login:05.08.2023.

[11] – Arbeitszufriedenheit, Intrinsische Motivation und Engagement steigen
Durch diese förderlichen, systemisch basierten Rahmenbedingungen steigt
die Arbeitszufriedenheit – auch durch den organisationsseitig geförderten
Person-Environment-Fit, welcher **zu dem einzelnen Mitarbeiter gut ent-**
sprechenden und diesen dadurch **erfüllenden Aufgaben und damit Erfolgs-**
erlebnissen und Lernerfolgen führt.

Dadurch steigen **Selbstwirksamkeitserfahrungen, Selbst-Wert-Gefühl und**
intrinsische Motivation – also das Tun nicht um der Folgen Willen, sondern als
Selbstzweck, aufgrund der Handlung an sich (Schmithüsen, 2015, S. 78) – sowie
Engagement der Mitarbeitenden.

[12] – Mitarbeiterzufriedenheit und Mitarbeitergesundheit steigen
Parallel dazu steigen **Mitarbeiterzufriedenheit** (über die konkrete Aufgabe
hinaus mit gesamtem Umfeld) und **Mitarbeitergesundheit.**

Allein durch die gesteigerte Zufriedenheit und das damit gestärkte Immun-
system sinkt die Krankheitsanfälligkeit und **Mitarbeiter** bleiben eher ganzheit-
lich **gesund und agil**

- physisch

- psychisch/mental/emotional

- psycho-somatisch.

Dies **ganz besonders bei einer Werte-Übereinstimmung** zwischen Systemischem
Unternehmensleitbild/dementsprechenden Sinn (Purpose) und individuellen
Wertegerüsten, was bei der auf allgemein-humanistischen Grundlagen fußenden
Systemik gegeben sein dürfte.

[13] – Committment[17]/Ownership/„Entreployeeship"[18]/„OCB"[19] nehmen zu
Teil der Systemischen Haltung sind Selbstverantwortung und selbstver-
antwortliches Handeln.
Dies umfasst

---

[17] Englisch: Sich einer Sache aus voller Überzeugung und mit vollem Einsatz widmen.

[18] „Entreployee" = Kunstwort aus *Entre*preneur (französisch) = Unternehmer und Em*ployee*
(Englisch) = Angestellter.

[19] OCB = Organizational Citizenship Behaviour.

- **Selbstdisziplin**
- **Self-Leadership** – inklusive Selbstmanagement, Selbstentwicklung, Selbst-führung, Selbst-Aufmerksamkeit und Selbst-Achtsamkeit sowie Verantwortungs-übernahme für das eigene Können und dessen kontinuierliche Weiterentwicklung und
- **Committment** = das Engagement für die eigenen Aufgaben
- **Ownership** = Verantwortungsübernahme für die eigenen Aufgaben
- **Entreployeeship** = die Haltung eines jeden Mitarbeiters, selbst wie ein Unternehmer im Unternehmen zu denken, zu planen, zu agieren. Zum Wohle der Gesamtorganisation.

Entreployees machen sich die Unternehmensziele „zur eigenen Sache" und engagieren sich dementsprechend für die Erreichung dieser Ziele als handele es sich um ihre eigene Firma.

Sie denken, planen und handeln daher kostenbewusst bzw. richten ihr Tun an dem Gesichtspunkt aus, ob es für die (Gesamt-) Organisation förderlich ist.

Dafür ist auch eine Kongruenz zwischen Wertigkeit der Aufgabe, den – authentisch gelebten – Unternehmenswerten und den inneren Werten des Organisationsmitgliedes nötig.

Das sog. **OCB – Organisational Citizenship Behaviour** beschreibt in der Arbeits- und Organisationspsychologie das Konzept, dass ein Mitarbeiter sich über seine expliziten Aufgaben hinaus für die Organisation als Ganzes durch Verhalten diverser förderlicher Art engagiert[20].

Mit der Systemischen Haltung ist OCB quasi automatisch Teil bzw. selbstverständliche Folge von Committment, Ownership und Entreployeeship.

[14] – Systemik-Inkarnation: „Die sieben Gewohnheiten hoch effektiver Personen"
Diese Beschreibung reflektiert treffend die Auswirkungen Systemischer Haltung und ist eine gute ergänzende Kurzanleitung – privat wie beruflich.

1. Sie ergreifen Initiative. („Sei proaktiv")
2. Sie fokussieren auf Ziele. („Beginne mit dem Ende im Sinn")
3. Sie setzen Prioritäten. („Stelle die wichtigen Dinge voran")

---

[20] https://dorsch.hogrefe.com/stichwort/organizational-citizenship-behavior-ocb/; Login 04.06.2023.

4. Sie gewinnen nur, wenn andere (auch) gewinnen. („Denke in Gewinn/Gewinn")
5. Sie kommunizieren. („Suche zunächst zu verstehen, dann erst verstanden zu werden")
6. Sie kooperieren. („Synergiere")
7. Sie reflektieren und korrigieren ihre Defizite. („Schärfe die Säge")[21]

[15] – Es kommt auf jede/n einzelne/n an – jeder kann anfangen – jederzeit
Systemische Haltung kann von jedem jederzeit erlernt, geübt, ausgeübt und weitergetragen werden.

Jeder kann also mit gutem Beispiel vorangehen, unabhängig von Hierarchiestufe, Aufgabengebiet usw. Die Systemische Haltung diffundiert dann idealerweise in die gesamte Organisation.

[16] – Systemik fördert bereichsübergreifende Zusammenarbeit
Niemand – auch Führungskräfte nicht – kann in dieser vernetzten, komplexen, globalisierten VUCA/BANI-Welt alle notwendigen Abwägungen alleine vornehmen, die „allein richtige" Entscheidung treffen.

Die **Systemische Haltung ermöglicht mit ihrer ganzheitlichen Sicht auf das gesamte Unternehmen und über die Hierarchiegrenzen hinweg**, alle **vorhandenen Ressourcen** zu sehen, (an)zuerkennen, zu wertschätzen und **zu einem wirkmächtigen Gesamt-Know-How zusammenzubringen**, um gemeinschaftlich, für alle **gewinnbringende (win-win) Lösungen** zu entwickeln.

---

[21] Z. B. https://www.franklincovey.com/the-7-habits/ – Login: 29.03.2023.
„**The seven habits of highly effective people**"
1. They take initiative. („Be Proactive")
2. They focus on goals. („Begin with the End in Mind")
3. They set priorities. („Put First Things First")
4. They only win when others win. („Think Win/Win")
5. They communicate. („Seek First to Understand, Then to Be Understood")
6. They cooperate. („Synergize")
7. They reflect on and repair their deficiencies. („Sharpen the Saw").

Dadurch **fördert dieses Systemische Win-Win-Denken eine bereichsüber-greifende Zusammenarbeit** und **wirkt dem** speziell in VUCA/BANI-Zeiten so **kontraproduktiven** sog. *Silo-Denken* **entgegen.**

Hilfreich für die **VUCA/BANI-Herausforderungen** sind

- **multidisziplinäre,** diverse und je nach Projekterfordernissen immer wieder in kurzen Zeitabständen neu zusammengestellte **Crews**[22] **auf Zeit** – in welchen **jeder** den **gleichen Stellenwert** hat **und eingeräumt bekommt, um** die **Synergien bestmöglich zu heben.**
- Dadurch wird die nötige schnelle Taktung inklusive der Notwendigkeit für eine hochflexible und schnelle Anpassung an Veränderungen möglich.

Die Systemische Haltung legt die Basis für ein Möglichwerden einer solchen gemeinschaftlichen Zielerreichung und die dafür nötigen veränderten Herangehensweisen.

[17] – Agilität, Flexibilität und Spielerischer Umgang mit „Change" nehmen zu
Durch das intensive Training während der Systemischen Ausbildung, mit sich stetig und permanent wandelnden Personen-, Situations-, Gruppen- und Lebenssituationen umzugehen, erfolgt ein Lernprozess, Veränderungen willkommen zu heißen, was **Leichtigkeit und Agilität im Umgang mit Change zur Folge hat.**

Damit **rüstet die Systemische Haltung für** einen **gelassenen und souveränen Umgang mit VUCA/BANI.**

Diese **CIP-Haltung** des einzelnen **Mitarbeiters diffundiert** aufgrund Systemischer Wechselwirkungen **in das** Gesamt-**Organisations-System,** in die **gesamte** *(Lernende) Organisation.*

---

[22] Mannschaften.

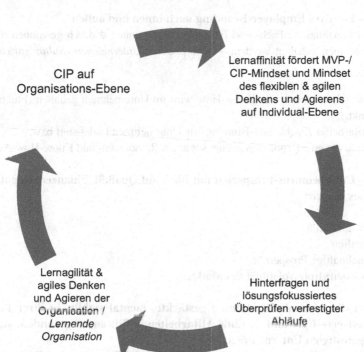

**Sub-Wechselwirkung Lernaffinität & Agilität –
(Gesamt-) Organisations-Agilität**

CIP auf
Organisations-Ebene

Lernaffinität fördert MVP-/
CIP-Mindset und Mindset
des flexiblen & agilen
Denkens und Agierens
auf Individual-Ebene

Lernagilität &
agiles Denken
und Agieren der
Organisation /
Lernende
Organisation

Hinterfragen und
lösungsfokussiertes
Überprüfen verfestigter
Abläufe

**[18] – Performance, Effektivität, Effizienz und Kreative Lösungsideen nehmen
zu – bei Mitarbeitern wie Organisationen/Unternehmen**
Durch die **Experimentier-Ausprobier-Kultur,** die **MVP-/CIP-Haltung** sowie
Arbeitsfreude, positiven Spirit und Erfolgserlebnissen gepaart mit Handlungsspielraum **steigen**

- Effizienz und Effektivität
- Experimentier- und Lernfreude
- Performance
- Kreativität, Ideenreichtum/Kreative Lösungsideen sowie
- Wirtschaftlichkeit und Wettbewerbsfähigkeit, denn Zeit, Kraft und Energie
  fließen in Zukunftsvisionen und Innovationen, inhaltliche Arbeit und Wert-
  schöpfung.

- Das Know-How steigert sich kontinuierlich selbst.
- Das Employer-Branding nimmt zu.

[19] – Positives Employer-Branding nach innen und außen
Weitere qualifizierte Fach- und Führungskräfte können dadurch gewonnen und im Unternehmen gehalten werden. – *„Die positive Unternehmens-Kultur spricht sich `rum."*

- Das schon vorhandene Know-How wird im Unternehmen gehalten (Fluktuation sinkt.)
- Mitarbeiter-/Fachkräfte-Bindung ans Unternehmen findet statt bzw.
- durch die gute Reputation gelingt sogar ein Ressourcen- und Know-How-Aufbau.

[20] – Unternehmens-Prosperität mit Blick auf Qualität, Finanzen, Reputation
All dies steigert:

- Produktivität
- Qualität
- Nachhaltige Prosperität
- Resilienz trotz Volatilität des Marktes.

Durch die Systemische Haltung gestärkte, mental stabile, in ihrer Persönlichkeit gefestigte und gesunde Mitarbeitende führen zu gesunden, stabilen und gefestigten Unternehmen.
Dies stabilisiert und **steigert** die **Produktivität** sowie die **Projekt- und Produktqualität,** einschließlich der **Professionalität** in allen Bereichen der Organisation zusätzlich.
Die **Finanzsituation verbessert sich,** die **Organisations-Reputation steigt.**

[21] – Zusätzlich verstärkte Zukunftssicherung durch weiter-denkendes radikales Umdenken
Radikal veränderte Umstände erfordern ebenso radikal veränderte Ansätze.

Zusätzlich zu einem Umschwenken auf authentische Systemik-Implementierung wären daher für meine Begriffe **dringend neue Bilanzierungs-Ansätze für** eine **echte Kehrtwende („Zeitenwende") mit Blick auf ökologische Nachhaltigkeit all unseren Tuns,** einschließlich und vor allem des wirtschaftlichen-unternehmerischen, **erforderlich.**

Wann fangen wir dementsprechend **endlich an,** Dinge wie

* Konfliktkosten
* Compliance-Risiken
* Gesundheitseinbußen
* Arbeitsunzufriedenheit
* Umweltschäden
* Ressourcenverschwendung

genauso umfassend und akribisch in die Bilanzen einzustellen und in die Produktions-, Transport- und Vermarktungskosten einzupreisen, **um – endlich – den wahren, wirklichen, ehrlichen Preis für unser Tun sichtbar** und damit für das Unternehmen wie den Verbraucher transparent werden **zu lassen.**

Für eine gelingende und **nachhaltige Transformation** sind neben authentisch gelebter Systemischer Haltung und daraus resultierender Handlungsweisen **dringend** die **ganzheitliche Einbeziehung und Einrechnung aller verursachten Kosten** (*„Keine Lösung ohne Preis"* !) **sowie deren Transparentmachung notwendig.**

Dieser Preis für den Erhalt einer lebenswerten Umwelt und unseres blauen Planeten kann gar nicht hoch genug angesetzt werden. Denn **ohne eine lebenswerte Natur haben wir alle keine Chance!**

Ein vielversprechender, dies unterstützender Ansatz könnten sog. **Sustainability Indices** sein – **so sie nicht,** wie leider so vieles, als Deckmantel und Alibi-„Veranstaltung" oder „Greenwashing"[23] **missbraucht werden.**

Sustainability Indices messen Unternehmen nicht nur an schon üblichen Parametern wie Ertrag, Gewinn, sondern legen den **Fokus ganz gezielt und kritisch darauf, wie es um die Nachhaltigkeit einer Organisation,** z. B. mit Blick auf die Umwelt oder Soziales, **bestellt** ist.

Eine hohe Eingruppierung in solchen Sustainability-Indices sollte daher im Interesse nachhaltiger, resilienter Organisationen liegen.

5.4 Systemik-Ergebnis: eine nachhaltige, am Sachzweck orientierte, resiliente Organisation

Diese zeichnet sich durch eine fach-, ziel-, lösungsfokussierte Herangehensweise an gemeinschaftlich und arbeits-teilig zu lösende Sachfragen aus.

---

[23] = sich mit Scheinaktivitäten einen ökologisch-nachhaltigen Anstrich zu geben.

Systemische Basis	Positiv-Wirkung für sachzweck-orientierte Organisation
Systemische Haltung	• Gemeinsame, sinnstiftende Vision (Purpose) • Ethisches (Führungs-) Verhalten auf dieser Basis • Das Unternehmensleitbild fußt auf gemeinsamen (systemisch-humanistischen) Werten.
Wertschätzende Kommunikation/Authentizität	• Authentisch-wertschätzende (= in sich stimmige und „Double Bind-freie") Kommunikation auf Augenhöhe – egal mit wem • Direkt mit dem Betreffenden sprechen bei Klärungsbedarf (statt nur übereinander) • Thematisierung, Klärung und Lösung von Problemen/Konflikten – im offenen Gespräch
Selbstverantwortung für • Eigene Kommunikationsweise • Eigenes Handeln	• Verantwortungsübernahme der Mitarbeitenden für – ihre Rolle und Aufgaben – Ownership – Entreployeeship – OCB • Proaktives Handeln/Agieren (Aktion statt Reaktion) • Professionalität
Allparteilichkeit	• 360°-Blick für alle am Geschehen Beteiligten. • Das Gesamt-Unternehmen im Blick.
Neutralität	• (Be-) wertungsfreie Wahrnehmung – egal von was
360°-Achtsamkeit und Empathie	• Welche *guten Gründe* könnten jeweils gegeben sein? • Welche Wechselwirkungen bestehen?
Augenhöhe	• Haltung der Augenhöhe – egal wem gegenüber • Authentische Kommunikation auf Augenhöhe – egal mit wem • Führen auf Augenhöhe

Systemische Basis	Positiv-Wirkung für sachzweck-orientierte Organisation
Respekt gegenüber Personen	• Respekt, Anerkennung, freundliche Neugier bezüglich allen Systemmitgliedern.
Bei gleichzeitiger Respektlosigkeit gegenüber deren ggf. verfestigten Ideen	• Kultur des erwünschten (erlaubten) und geförderten Hinterfragens eingefahrener Denk-, Verhaltens-, Vor-gehensweisen, Prozesse, Abläufe • Bestehendes ergebnisoffenes und angemessen-respektvoll hinterfragen, also • speziell für VUCA/BANI nicht mehr nützliche Muster, Prozesse, Vorgehensweisen, Ideen, Vor-stellungen, Glaubenssätze, Konstrukte, Landkarten mit „angemessener Frechheit" infrage stellen – „*What Got You Here Won't Get You There*" = – Was einen hierher gebracht hat, bringt einen nicht zwangsläufig weiter unter aktuelle(re)n Umständen.
Experimentier-Ausprobier-Kultur	• Kultur, in diesen Experimenten Lern- und kontinuier-liche Verbesserungs-Quellen/Lernchancen zu sehen – („*Sometimes we win, sometimes we learn*"![24]) • Betrachtung als „noch nicht komplett ausgereift" bzw. Experimentier-Versuch mit Verbesserungspotenzial
Vertrauen/Vertrauens-Kultur	• Folge von – Experimentier-Ausprobier-Kultur – Sachse-Motive in Balance (5.3 [10]) – Ethischer Führung • Voraussetzung für – Realistischen Optimismus und – Experimentier- und Lernfreude sowie – MVP-/CIP-Mindset/Agiles, flexibles Denken

[24] Englisch „Manchmal gewinnen wir, manchmal lernen wir…".

Systemische Basis	Positiv-Wirkung für sachzweck-orientierte Organisation
Sachse-Motive in Balance => Unternehmen in Balance => Gesellschaft in Balance	• Werte des Unternehmensleitbildes in Balance • Unternehmens-Sinn nicht ausschließlich materiell orientiert • Intaktes Wertesystem (bei Mitarbeitern wie Organisation) • Leiten/Lenken durch Vorbild • Gesunde Arbeits-Kräfte und -Ergebnisse => Gesunde Unternehmen => gesunde Gesellschaft

Gesunde Mitarbeiter / Gesunde Arbeitsergebnisse

Gesunde Unternehmen

Gesunde Gesellschaft

Systemische Basis	Positiv-Wirkung für sachzweck-orientierte Organisation
„Systemische Schleifen" (bezeichnet den kontinuierlichen, während des gesamten Beratungsvorgangs stattfindenden Abgleich des Beratungs-Auftrags in der Systemischen Beratung.)	• Diese prädestinieren für die für VUCA/BANI nötigen, iterativen agilen Scrum[25]-Vorgehensweisen – immer wieder authentische und ehrlich-neugierig-interessierte Abgleiche der Realitäten, Konstrukte und Landkarten, Ziele der Crew und der Kunden aller Art in iterativen Feedbackschleifen. • Immer wieder vor dem Hintergrund, es immer weiter zu probieren, es kontinuierlich zu verbessern, auch wenn es nicht sofort funktioniert.
Spielerischer Umgang mit Change	• MVP-/CIP-Haltung/Experimentier- und Lernfreude • Change als Chance

[25] Vorgehensweise in der IT/Software-Entwicklung; https://de.wikipedia.org/wiki/Scrum, Login: 12.08.2023.

5.5 Aufwärts-Spirale zu Unternehmens-Resilienz und Unternehmens-Prosperität

Ausgelöst **durch** die **Systemische Haltung** und den darauf basierenden veränderten und das Unternehmen dadurch **verändernden Vorgehensweisen** entsteht eine **positive Prosperitäts-Spirale** durch die sich gegenseitig verstärkenden
individuellen und organisatorischen Positiv-Veränderungen (systemische Wechselwirkungen).

Zirkuläre Wechselwirkungen

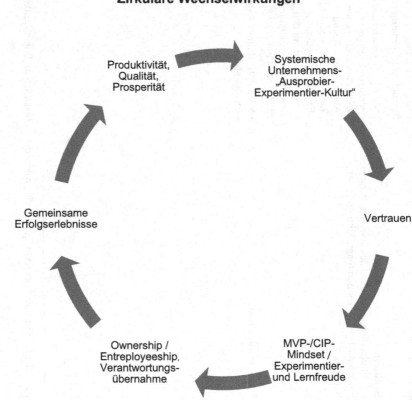

Mithilfe der Systemik-Grundsätze Offenheit, Transparenz, Ressourcen-, Lösungs- und Zukunftsfokus, respektvoll-wertschätzendem Umgang auf Augenhöhe miteinander, und Ausprobier-Experimentier-Kultur zusammen mit MVP-/CIP-Haltung für wertvolle Lernchancen, **fördert** die **Systemische Haltung** über die beschriebenen Zwischenschritte die **Unternehmens-Resilienz** – auch und gerade in sich schnell wandelnden und herausfordernden Zeiten.

Infolgedessen **führt eine auf Systemischer Haltung fußende Unternehmens-Kultur zu** einer positiven Aufwärts-Spirale[26] hin zu **nachhaltiger Unternehmens-Resilienz** und -Prosperität.

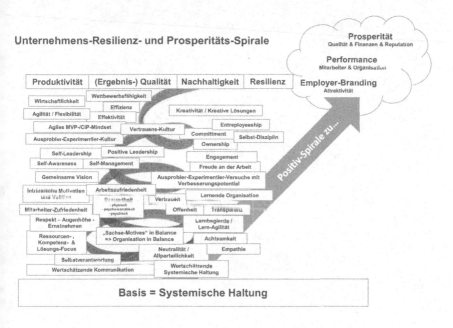

---

[26] Die Abbildung dient der erleichterten visuellen Erfassbarkeit der Gesamtentwicklung. Sie stellt **KEINE linear-kausalen Zusammenhänge dar** in dem Sinne, dass die Einzelaspekte in genau dieser „Kausalreihe" aufeinander aufbauen; vielmehr gibt es zwischen den einzelnen Bestandteilen jeweils in verschiedenste Richtungen **zusätzliche systemische Wechselwirkungen.** Eine Anreicherung mit entsprechenden Pfeilen wäre für das Ziel der visuellen Vereinfachung kontraproduktiv.

Fazit: Mit Systemik von VUCA zu VUCA – oder das Systemische „VUCA-Reframing"

6

Durch **Systemische Wechselwirkungen beeinflussen** sich **VUCA/BANI,** „Change" und Transformation gegenseitig.

- Je mehr VUCA/BANI, desto mehr Change, desto mehr Transformation ist nötig.
- Je mehr Transformation vorangebracht wird, desto mehr Change und VUCA/BANI besteht.
- Je mehr Change zunimmt, desto mehr VUCA/BANI besteht bzw. Transformation ist erforderlich.

Alles hängt (systemisch) mit allem zusammen. Ob uns das gefällt oder nicht.

Gegenseitige Beeinflussung / Systemische Wechselwirkung:
Mehr Transformation – Mehr Change – Mehr VUCA/BANI

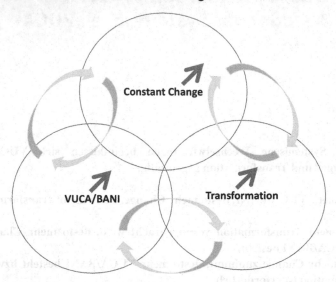

Speziell in Zeiten des besonders rasanten „Constant Change" verändern sich die Organisations-Strukturen so schnell, dass die jeweiligen Bereichs- und Sub-Kulturen große Anstrengungen unternehmen müssen, ihre dann neu zusammengestellten Untereinheiten wieder einer, dann neuen und veränderten Zusammenarbeits-Kultur zuzuführen.

Für die Ausgestaltung dieser neuen Kulturen braucht es – wertschätzende, empathische – Kommunikation, um gemeinsam darüber nachzudenken, zu definieren und danach zu handeln:

- wie diese Kultur aussehen soll
- auf welcher Werte-Basis sie fußen soll
- in welcher Weise alle miteinander umgehen und kommunizieren wollen.

Auf der gemeinsamen Basis der Systemischen Haltung und Grundsätze wird dies leichter, weil alle dasselbe Werte- und Haltungsverständnis im Umgang miteinander teilen.

Mit der Systemischen Haltung als Basis und einem daraus resultierenden Transformations-Mindset gelingt also eine rechtzeitige Adaption und Transformation durch Constant prudent and joyful Change[1] statt Disruption im Krisenfall.

---

[1] Constant prudent and joyful Change = stetiger kluger und spielerisch-fröhlicher Wandel.

Systemische Haltung und Grundsätze	-->	Transformations-Mindset
Systemische Haltung		Gemeinsame Vision auf Basis sinnstiftender Werte
Wertschätzende Kommunikation		• Authentische und direkte Kommunikation auf Augenhöhe • Aktives Zuhören • Vertrauen & Psychologische Sicherheit
Wissen um Konstrukte & Empathie		• Souveräne flexible Kommunikations-Fähigkeit & unvoreingenommenes Zuhören • Authentisch interessiert am anderen • Basis: Was ist der gute Grund für Verhalten beim anderen – in diesem Kontext?
Selbstverantwortung		• Ownership / Accountability / Entreployeeship / OCB • „Walk the talk" / Verlässlichkeit
Allparteilichkeit		• Empathischen 360°Grad-Blick für alle Beteiligten • Alle haben gleichberechtigten Anteil an der Lösung
Offenheit & Neutralität		• Neues bewertungsfrei auf sich zukommen lassen • Change als Chance
Flexibilität		Flexibles Denken
Ressourcen- / Kompetenz-Fokus		• Schwarmintelligenz • Alles und jeder ist Ressource & trägt etwas zur Lösung bei
Interessierte Neugier		• Lernbegeisterung / Lernagilität / Lernfreude / Wissensdurst • Offenheit für Neues
Ganzheitlichkeit / Alles hängt mit allem zusammen		• Ganzheitliches Denken • Bereichsübergreifende Zusammenarbeit = Cross-Domain-Thinking
Respekt gegenüber Personen		• Respekt & Anerkennung für alle ! System-Mitglieder • Diesen bewertungs-frei und respektvoll-neugierig begegnen • Ihre Impulse willkommen heißen &aufnehmen
Respektlosigkeit gegenüber deren Ideen		• Bestehendes angemessen-respektvoll hinterfragen • Out-of-the-box-Denken • Hinterfragen erwünscht
Augenhöhe		Keine Sprechverbote
Fehler = Lernchancen / In jeder Krise steckt eine Chance.		• Experimentier-Ausprobier-Kultur mit MVP- und CIP-Mindset
Systemische Schleifen & Wechselwirkungen		Wissenschaftlich-iteratives Vorgehen
Lösungs-Fokus		Futur II-Mindset / Goaling / Zielsetzungen

Das „VUCA-Reframing"
Die Welt bleibt komplex und wird voraussichtlich auch ständig und immer noch schneller komplexer werden. **Komplexitätsbewältigung** bleibt somit **dauerhaft nötig.**

Mithilfe der Systemischen Herangehensweise und kontinuierlicher, konsequenter, disziplinierter **Arbeit an sich selbst, als Individuum und Organisation,** gelingt ein **Reframing von VUCA.**

Schon **allein durch die kommunikative Umdeutung** gelingt es, dem VUCA/ VUKA-Begriff den Schrecken zu nehmen und auf einen von **fast kindlicher Neugier getriebenen spielerischen Umgang mit Change aller Art als Chance umzuschwenken.**

Die Herausforderungen von VUKA/VUCA lassen sich dementsprechend durch **Systemisches Reframing** in **VUKA/VUCA-Chancen verwandeln.**

Von VUKA zu VUKA über Systemische Haltung

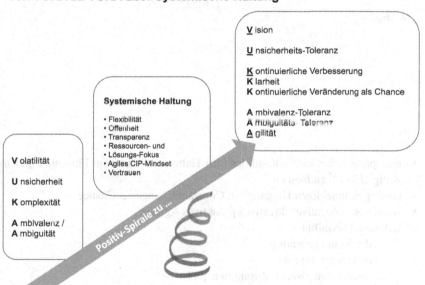

From VUCA to VUCA via the Systemic Approach

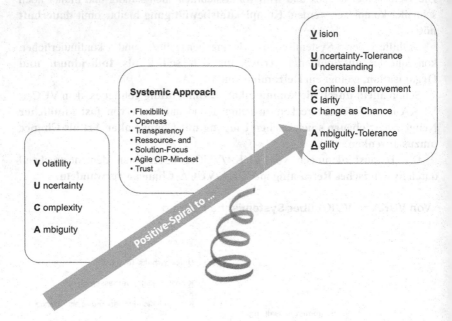

Für

- ein spielerisches die Bälle-in-der-Luft-Halten und damit im Fluss und gleich-zeitig „Flow"[2] zu bleiben
- einen geschmeidigen Umgang mit Constant Change als Chance
- schnelles, innovatives, kreatives proaktives Agieren
- federnde Flexibilität
  - in der Kommunikation
  - in den Interaktionen
  - im unternehmerischen Zusammenspiel

---

[2] Der von Mihály Csíkszentmihályi geprägte Begriff für ein vollständiges Aufgehen in einem Tun, welches einem zu 100 % entspricht.
z. B. https://de.wikipedia.org/wiki/Flow_(Psychologie).

- Agilität auf allen Ebenen
- einen freien Blick auf ungewöhnliche und innovative Lösungen
- verbesserte Komplexitäts-Bewältigung
- resilienten Umgang mit VUCA/BANI
- nachhaltige, resiliente Unternehmens-Prosperität.

Was Sie aus diesem *essential* mitnehmen können

- Transformation und radikales Umdenken tun dringend Not, speziell, wenn wir die von mir bereits in meinem essential von 2018 als mögliches Bedrohungs-Szenario antizipierte Fehlentwicklung und existenzielle Bedrohung verhindern wollen.

- Die Implementierung von Systemischer Haltung in Unternehmen hat unmittelbare Positiv-Folgen für Mitarbeitende und Unternehmen und macht diese nachhaltig resilient für die VUCA/BANI- und „KI"-Welt mit dem damit einhergehenden, extrem schnellen permanenten Wandel.

- Das Systemische VUCA-Reframing.

- Das 21-Punkte-Programm zu Systemik-basierter nachhaltiger Unternehmens-Resilienz.

© Der/die Herausgeber bzw. der/die Autor(en), exklusiv lizenziert an Springer Fachmedien Wiesbaden GmbH, ein Teil von Springer Nature 2024
A. Kutz, *Mit Systemik zu nachhaltig erfolgreicher Unternehmens-Resilienz,* essentials, https://doi.org/10.1007/978-3-658-43004-7

Literatur

Ahrens, C., & Ahrens, L. (2014). *Leadership-Intelligenz – Zehn Gebote für souveräne und sozial kompetente Führung.* Springer Gabler.

Bateson, G., Jackson, D. D., Haley, J., & Weakland, J. (1956). Toward a theory of schizophrenia. *Behavioral Science, 1*(4), 251–254.

Boddy, C. R. P. (2010). Corporate psychopaths and organizational type. *Journal of Public Affairs, 10*(4), 300.

Boddy, C. R., & Taplin, R. (2016). The influence of corporate psychopaths on job satisfaction and its determinants. *International Journal of Manpower, 37*(6), 965–988.

Brandstätter, V., Schüler, J., Puca, R., & Lozo, L. (2013). *Motivation und Emotion.* Springer.

Berking, M., & Rief, W. (2012). *Klinische Psychologie und Psychotherapie für Bachelor.* Springer.

Caplan, R. D. (1987). Person-environment fit theory and organizations: Commensurate dimensions, time perspectives, and mechanisms. *Journal of Vocational Behavior, 31*(3), 248–267.

Dhiman, S. K. (2023). *Handbook of global leadership and followership.* In J. F. Marques, J. Schmieder-Ramirez, P. G. Malakyan (Hrsg.), Springer Nature Switzerland AG

Drouillard, S. E., & Kleiner, B. H. (1996). „Good" leadership. *Management Development Review, 9*(5), 30–33.

Goleman, D. (2003). *EQ Der Erfolgsquotient.* Hanser.

Greve, G. (2015). *Organizational burnout.* Gabler.

Kutz, A. (2016). *Toxische Kommunikation als Krankheitsursache in Unternehmen: Das Double Bind-Phänomen – Eine Einführung für Führungskräfte, Berater, Coaches. essentials.* Springer.

Kutz, A. (2017). How to avoid destroying your employees and organisations due to burnouts, braindrain and fading performance? Stop double bind-communication in your organisation! *Journal of Organization Design, 6*, 5.

Kutz, A. (2018). *Double-Bind-Kommunikation als Burnout-Ursache. Ein Theorie-Vorschlag zu Auswirkungen toxischer Kommunikation in Organisationen. essentials.* Springer.

Kutz, A. (2020). *Systemische Haltung in Beratung und Coaching. Wie lösungs- und ressourcenorientierte Arbeit gelingt. essentials.* Springer.

Lauer, T. (2014). *Change Management.* Springer.

Mourlane, D. (2013). *Resilienz. Die unentdeckte Fähigkeit der wirklich Erfolgreichen.* BusinessVillage GmbH.

Pelz, W. (2017). Umsetzungskompetenz als Schlüsselkompetenz für Führungspersönlichkeiten. In C. von Au (Hrsg.), *Leadership und angewandte Psychologie.* Springer.

Sachse, R. (2000). Persönlichkeitsstörung als Interaktionsstörung: Der Beitrag der Gesprächspsychotherapie zur Modell-Bildung und Intervention. *Psychotherapie, 5*(2), 282–292.

Schmithüsen, F. (2015). *Lernskript Psychologie.* Springer.

Schulz von Thun, F. (2016). *Störungen und Klärungen: Allgemeine Psychologie der Kommunikation.* Rowohlt Taschenbuch.

Schulz von Thun, F. (2003). *Miteinander reden: Kommunikationspsychologie für Führungskräfte.* Rowohlt Taschenbuch.

Schulz von Thun, F. (1989). *Miteinander reden 2: Stile, Werte und Persönlichkeitsentwicklung: Differentielle Psychologie der Kommunikation.* Rowohlt Taschenbuch.

Schulz von Thun, F. (1998). *Miteinander reden 3: Das „Innere Team" und situationsgerechte Kommunikation.* Rowohlt Taschenbuch.

Seligman, M. E. (2016). *Erlernte Hilflosigkeit: Anhang: ‚Neue Konzepte und Anwendungen' von Franz Petermann* (5., neu ausgestattete Aufl.). Beltz.

Varela, F. G., Maturana, H. R., & Uribe, R. (1974). Autopoiesis: The organization of living systems, its characterization and a model. *BioSystems, 5*(4), 187–196.

Watzlawick, P. (1976). *Wie wirklich ist die Wirklichkeit?* Piper Verlag GmbH.

Watzlawick, P., Beavin, J. H., & Jackson, D. D. (2011). *Menschliche Kommunikation: Formen, Störungen, Paradoxien* (12. unveränd Aufl.). Huber.

Welpe, I. M., Brosi, P., Lisa Ritzenhöfer, L., & Schwarzmüller, T. (2015). *Auswahl von Männern und Frauen als Führungskräfte.* Springer Gabler.

Weiterführende Literaturhinweise

Doppler, K. (2014). *Change. Wie Wandel gelingt.* Campus Verlag GmbH.

Goldsmith, M., & Reiter, M. (2007). *What got you here won't get you there.* Profile Books Ltd.

Nehmitz, P., & Pfeffer, M. (2020). *Prinzip Mensch.* Dietz.

Zuboff, S. (2018). *Das Zeitalter des Überwachungskapitalismus.* Piper Verlag GmbH.

Zweig, K. (2019). *Ein Algorithmus hat kein Taktgefühl.* Heyne.

Printed in the United States
by Baker & Taylor Publisher Services

Printed in the United States
by Baker & Taylor Publisher Services